グローバル・ガバナンス

The Study of Global Governance

第10号

2024年3月

グローバル・ガバナンス学会

巻頭言

太田　宏

　本誌第 10 号は、「脱炭素をめぐるグローバル・ガバナンス」の特集を組んだ。その内容は、世界の脱炭素の潮流（田村）、EU（市川）、アメリカ（小尾）、そして日本（太田）の脱炭素政策である。

　国連事務総長の「地球沸騰化の時代」という発言がそれほど奇異に感じられないほど、地球の温暖化が進行していて、気候変動による異常気象が常態化している。今後、海面上昇、旱魃、洪水による気候変動難民が、国際社会がすでに直面している難民問題をさらに一層悪化させるだろう。他方、世界各国で反リベラル、反エリートの政治的反動が勢いを増していて、民主主義の牙城であるヨーロッパ諸国やアメリカで国家主義的大衆迎合主義者が台頭している。また、国際社会には強権主義国家が民主主義国家を数の上で上回り、経済的にも中国やインドなどの新興経済国が G7 諸国を凌駕する勢いである。さらに、多くの途上国が経済発展を遂げつつあり、新興経済国と合わせた二酸化炭素（CO_2）などの温室効果ガス（GHG）の排出量も先進工業国よりはるかに多くなっている。

　こうした変化する国際政治経済構造下にあって、主権国家を主体とする国連を中心とした気候変動問題への取り組みにも変革が求められる。毎年行われる国連気候変動枠組み条約（UNFCCC）交渉における可能性と限界について明確に認識する必要がある。そもそも、こうした多国間による交渉はジレンマに苦しむのが常である。すなわち、すべての国が同意する普遍的な合意を求めると往々にして最小公約数的な合意しか得られない。そうなると有効な気候対策が取られない。かといって、気候変動のような気球規模の問題解決のためには可能な限り多くの国が参加する必要がある。しかし、多くの国が参加すればするほど監視の目が行き届かなくなり、遵守問題が発生する。それでも UNFCCC はそれなりの役割を果たしている。パリ協定で産業革命以前からの世界の平均気温の上昇を 2℃ よりはるかに下回る（1.5℃ の努力）目標を設定した意義は大きい。この目標に向かって各国政府や地域が脱炭素政策を打ち出し、産業界、財界、機関投資家、大企業、ベンチャー企業、NGOs などが具体的目標に向かって行動を起こし、環境・社会・ガバナンス（ESG）投資や企業に対して気候リスクの情報開示を求めるなど、様々な行為主体による気候対策の妥当性を検証する動きも起きている。以上のような、国家と非国家主体がグローバル・ガバナンスを担うハイブリッド多国間主義が世界の脱炭素を推進している。

　ただ、国家間の利害調整が国連の気候会議における国際合意形成を困難にする状況には変わらない。第 26 回 UNFCCC 締約国会議（COP26）では削減措置を伴わない石炭火力発電の「段階的廃止」を求める推進派が反対派に屈して、石炭火力発電の「段階的削減」の努力を加速させるという表現で妥協した。COP28 では、当初最終合意案にあった「化石燃料の段階的な廃止」については、草案からこの表現が一旦削除されたが、EU 諸国や島嶼

国が盛り返し、すべての国は「化石燃料からの脱却を進め、今後 10 年間で行動を加速させる」という文言で落ち着いた。また、同合意文書では、2030 年までに再生可能エネルギー発電容量を世界全体で 3 倍、エネルギー効率を世界平均 2 倍にするという新たな目標を盛り込むとともに、原子力エネルギー、CO_2 回収・利用・貯留（CCUS）技術、低炭素の水素等の推進も掲げられた。今後、世界の脱炭素化を牽引するのは社会の電化であり、再生可能エネルギーの利用拡大が鍵を握る。しかし、これらの技術を支えるリチウム、ニッケル、コバルト、銅、レアアースなどの重要鉱物の安定供給が問題となる。なぜならば、これらの重要鉱物は石油・天然ガスと同様に、一国あるいは数カ国に集中・偏在していて、これらの資源をめぐる地政学的な争いが懸念されるからである。国家間あるいは地域間での争奪戦が起きないように、今後の世界の課題として、国連気候会議、G7、G20 会議などの様々な政策フォーラムで重要鉱物に関してグローバル・ガバナンスの観点から議論を深める必要がある。

（太田宏　早稲田大学国際学術院国際教養学部教授）

グローバル・ガバナンスの観点から見た世界の脱炭素の潮流

田村　堅太郎

はじめに

　気候変動に対する国際的取り組みは、1992 年に採択された国連気候変動枠組条約（UN-FCCC）によって本格始動し、京都議定書（1997 年採択）、そしてパリ協定（2015 年採択）へと発展してきた。UNFCCC は究極目的として、安全な水準での温室効果ガス（GHG）濃度の安定化を掲げた。その究極目的を具体化する形で、パリ協定は、工業化以降の気温上昇を 2℃より十分低く抑え、さらに 1.5℃に抑制することをめざし努力を追及する、という長期気温目標（2℃目標および 1.5℃目標）を設定した。しかし、UNFCCC の採択から 30 余年が過ぎたが、GHG 排出量の上昇傾向は続いており、大気中の濃度も上昇の一途を続け、2023 年は観測史上最も暑い年となった[(1)]。

　気候変動に関する政府間パネル（IPCC）の最新報告書によれば、既に 1.1℃温暖化してしまっている気温上昇傾向や現在の排出傾向を考慮すると、温暖化を 1.5℃に抑えるための時間的猶予は非常に限られている[(2)]。地球温暖化を 1.5℃上昇に抑制するためには、これからの 10 年の間に全ての部門において急速かつ大幅な、そして即時的な GHG 排出量削減が必要となる。具体的には、世界の GHG 排出量を遅くとも 2025 年までには頭打ちにさせ、2030 年、2035 年に向けて大幅に削減（2019 年比でそれぞれ 43% 減、60% 減）させ、2050 年頃には人為的な CO_2 排出量と人為的な除去量を正味でゼロ（ネットゼロ）にすることが求められる。

　このような迅速かつ大幅な排出削減が求められていることを念頭に置きつつ、本稿では、国家間の取り決めに加え、非国家主体や参加規模の小さな国々の協力を取り込みながら、排出削減の拡大に向けた努力がこれまでにどのように進められてきたのかを、グローバル・ガバナンスの観点から考察する。ここでは、グローバル・ガバナンスを「中央政府の存在しない国際社会において、一国にとどまらない問題を解決するために、国境を越えた公共の利益を提供する制度、政治過程のシステムおよび活動」と定義する[(3)]。このガバナンスが気候変動問題という問題領域において形成されたものがグローバル気候変動ガバナンスとなる。

　グローバル気候変動ガバナンスにおいて、国連型の多国間主義に基づく国際交渉はコンセンサス方式であり、その進展は遅く、また、パリ協定の採択という大きな成果を上げたものの、実際の排出削減効果は長期気温目標の達成には不十分なものにとどまり、多国間主義の限界も意識されるようになる。その一方で、地方政府や民間企業、金融機関などの非国家主体によるグローバル気候変動ガバナンスへの関与が増大してきている。さらに、

国連型多国間主義に基づく国家間制度と重複する形で、より参加規模の小さい複数国から構成される協力体制（ミニラテラルまたはプルリラテラル）や二カ国間協力（バイラテラル）、さらには、国家と非国家主体の間のパートナーシップによるイニシアティブ、プログラム等がさまざまな分野で増大している。つまり、関与する行動主体が多様化し、さまざまなレベルでの協働・協力の取り組みが併存するという、ガバナンスの多元化、多層化が進んでいる。これらの取り組みの間には階層的、あるいは一方的な支配関係があるわけではなく、それぞれの取り組みの間の整合性を保つための緩い連携がみられるという多中心的ガバナンスとなっている。[(4)]

　このような多中心的なガバナンスは、国家間のルールに基づいた国家間制度（国際レジーム）のみならず、国家に加え、民間企業や NGO などさまざまな非国家主体を巻き込み、また、単にルールだけではなく、さまざまな方法（イニシアティブ、プログラムや排出削減行動の実践など）を通して機能する。そこで、グローバル・ガバナンスの観点から脱炭素化の潮流を追うために、本稿は、第 1 節で国家間制度における規範やルールの変化を検討した後、第 2 節でグローバル気候変動ガバナンスの多中心化について、非国家主体の関与増大の背景およびプロセス、およびミニラテラル・イニシアティブの増加の背景について考察する。

1.　国家間制度におけるガバナンス形態の変化

(1)　UNFCCC から京都議定書、そしてカンクン合意へ

　グローバル気候変動ガバナンスを構成する国家間制度において、各国の排出削減をいかにして促進するかについての規範やルールは、現実の社会経済の変化や科学的知見の進展によって、変化することになる。規範とは、いかなる状態が望ましいのかということを示すものであり、行為体の行動の適切性の基準となる。[(5)]そして、その望ましい状態を達成するための原理、つまり解決しなければならない課題の事実関係や因果関係についての科学的な知識・事実が不可欠となる。ルールとは、その規範を基礎に、行為体の行動を律するものである。グローバル気候変動ガバナンスにおいては、UNFCCC、京都議定書、パリ協定が規範やルールを形成する上で中心的な役割を果たし、IPCC が最新の科学的知見をとりまとめている。

　UNFCCC は大気中の GHG 濃度の安全なレベルでの安定化という究極目的を掲げ、その達成に向けた行動の指針のひとつとして「共通だが差異ある責任（CBDR）」原則を定めた。各国を、附属書 I 国（1992 年時点での経済協力開発機構（OECD）加盟国および旧ソ連・東欧諸国）、附属書 I 国のサブカテゴリである附属書 II 国（附属書 I 国のうち、1992 年時点での OECD 加盟国）、そして非附属書 I 国に分類し、条約上の義務の履行について差異化を行った。排出削減に関しては、附属書 I 国のみに対して、「GHG 排出量を 2000 年までに従前の水準に戻すことを目的として、排出抑制等の政策・措置を講ずる」という曖昧な表

現の努力目標を設定した。しかし、このような曖昧な努力目標では排出量増加傾向に変化がないことも明らかになり、附属書I国に対してより厳格な削減目標を課す京都議定書へとつながった。

　京都議定書は、CBDR原則を反映し、附属書I国に対して法的拘束力のある排出削減目標を課した。2008年から2012年の5年間を第一約束期間として、その間の各附属書I国のGHG排出量を基準年（1990年）に対する割合として目標を定めた。排出削減目標の不遵守に対しては、達成できなかった削減量の1.3倍を次の約束期間で削減することや、遵守達成計画を作成することが求められるなど、懲罰的な規定が設けられた[6]。他方、非附属書I国、つまり発展途上国は削減目標義務を負わなかった。しかし、米国議会において、法的拘束力の排出削減目標や発展途上国は削減義務を負わないことに対しての反発が高まり、米国は京都議定書への参加を見送った。

　こうして、京都議定書は、当時の世界最大のGHG排出国である米国は参加せず、第2位の中国は参加しつつも削減義務を負わない、という形で2005年に発効した。そのため、京都議定書の第一約束期間が終わる2013年以降の国際枠組みにおいて、いかにして米国や中国などの発展途上国を巻き込みながら、各国の排出削減・抑制を促進させていくのか、という課題に関心が集まった。そして、2007年にインドネシア・バリで開催されたCOP13で「バリ行動計画」が採択され、新しい国際枠組みについての対話の場が米国や中国を巻き込む形で設置され、2009年のデンマーク・コペンハーゲンCOP15での採択を目指した交渉が開始された[7]。COP15では、大きな期待を背負い、主要国の首脳間でのひざ詰めの交渉を経てコペンハーゲン合意が作成された。しかし、採択をおこなおうとしたCOP全体会合の場において、主要国のみで行われた交渉プロセスが不透明であったとの不満が一部の国から噴出し、最終的に採択に至らなかった。その翌年のメキシコ・カンクンCOP16では、のちにUNFCCC事務局長に選出されることになるエスピノーサ（Patricia Espinosa）メキシコ外相が、透明性と締約国の参加に配慮した議事運営を行い、コペンハーゲン合意をベースにしたカンクン合意が採択された[8]。

　カンクン合意には2℃目標が書き込まれ、その達成のために、「2050年までの世界規模での大規模削減」と「早期のピークアウト」を目指すこととなった。また、1.5℃を含めた長期気温目標の強化を検討する必要性も認識された。さらに、すべての国に対して排出削減目標・行動を求めているが、附属書I国と非附属書I国に対してそれぞれ別のルールを適用し、二分法に基づく差異化は残った。具体的には、附属書I国は定量的な排出削減目標を自主的に提出することが求められたのに対し、非附属書I国は、排出削減の数値目標である必要はなく、排出削減行動として政策措置などを提出することも認められた。またそれぞれ異なる測定・報告・検証（MRV）プロセスの対象となった。

　注目されるのは、附属書I国は、提出した数値目標が長期気温目標に合致するよう、その野心レベルを強化することが求められ、また、野心レベルを強化するためのオプションや方法を検討することになったことである。その背景には、カンクン合意が2℃目標とい

う野心的な長期気温目標を掲げつつも、各国が自主的に持ち寄る排出削減目標を合算して
も、長期気温目標達成に必要な排出削減量に足りないことが、国連環境計画（UNEP）の
『排出ギャップ報告書』によって明らかになっていたことがあった[9]。加えて、カンクン合意
では附属書Ⅰ国が持ち寄る排出削減目標の理解促進・比較可能性担保のための取り組みも
謳われた。

　このようにカンクン合意は、各国の排出削減目標をどのように促進するのかという考え
方において大きな転換点となった。附属書Ⅰ国と非附属書Ⅰ国という二分構造は残ったも
のの、すべての国が排出削減目標・行動を持ち寄る形で提出することとなり、それらは実
施状況の確認、比較可能性や透明性を高めるためのプロセスの対象となった。また、2℃目
標という長期気温目標に合意しつつ、各国が持ち寄る排出削減目標では十分でないことを
認識し、附属書Ⅰ国に対してのみであるが、目標の野心引き上げを求めた。しかし、その
ための具体的なルールや仕組みはなかった。この長期気温目標と各国の排出削減目標との
間のギャップをいかにして埋めるのかは課題として残り、パリ協定の野心引き上げメカニ
ズムにつながった。

(2)　パリ協定の野心引き上げメカニズム

　パリ協定は、長期気温目標として2℃目標および1.5℃目標を設定した[10]。この長期目標の
実現に向けて、なるべく早い時期に世界のGHG排出量を頭打ちさせ、今世紀後半までに
人為的な排出量と吸収量を均衡させる、つまり正味での排出量をゼロにすることを求めて
いる。他方、京都議定書の教訓から、パリ協定は各国がそれぞれの国情に基づき「自らが
定める貢献」（NDC：国別削減目標）を策定し、提出することを義務付けつつも、削減目
標の「達成」については法的義務を課さない形をとった。この組み合わせは、非常に野心
的な長期目標の設定と普遍的な参加という点でのパリ協定の成功要因となった。UNFCCC
の198締約国のうち、パリ協定の締約国は195となり、この195締約国すべてがNDCを
提出している[11]。その一方で、現時点で各国が自主的に提出している国別目標案を合算して
も、1.5℃抑制はおろか2℃抑制にも届かないというギャップが生じてしまっている。

　この排出ギャップをどのように埋めるのかは、パリ協定が実効性を持てるかどうかに直
結する。パリ協定では、カンクン合意の教訓を踏まえつつ、交渉時点では多くの国が野心
の高い排出量削減にコミットすることが国内政治的にも難しいことを見越し、将来、段階
的に各国の取り組みの野心を引き上げていくメカニズムを組み込んだ。この段階的な目標
引き上げメカニズムは、前例のない画期的なものであった。COP21に先立ち、欧州連合
（EU）、米国、日本、マーシャル諸島、南アフリカ、ブラジルなどから同様の提案が行われ
ていた[12]。他方、インド、中国を筆頭に、一部の途上国は、2030年を越えた取り組みについ
て議論することに難色を示していた。しかし、COP21直前の中仏共同首脳宣言（2015年
11月2日）で、中国も支持を表明したため[13]、インドの出方が注目されていた。結局、COP21
会期中に、意欲的な合意の成立を求める「野心連合」と呼ばれる大連合が、EU、小島嶼諸

国、後発発展途上国に加え、米国、ブラジルなどを含める形で形成され、野心引き上げメカニズムが合意に含まれることで大勢が決した。

　野心引き上げメカニズムは、世界全体が脱炭素化に向けて5年毎に行動を強化していくことを求めており、各国が国内対策強化を進める上でのペースメーカーとしての役割を果たすことになる。この仕組みは、次の3つの要素からなる。それぞれの要素が機能し、要素間の連携が強化されていくことで、野心引き上げメカニズムが機能することが期待されている。

　1つ目の要素は、国内プロセスに関するものである。各国はNDCを5年毎に提出することが義務付けられた（協定4条9項）。また、新たに策定するNDCは以前のものより「前進的」（より野心的であると解釈される）であることが求められている。さらに、すべての国は、パリ協定の長期目標を念頭に「長期的な低排出発展戦略」（長期戦略）を策定・報告することも求められている。長期戦略を策定することで、5年という短期のサイクルで更新するNDCを、長期的視点に立って策定することが期待された。

　2つ目の要素が、「強化された透明性枠組み」である。この枠組みの下で、各国の排出目録とNDC達成に向けた進捗状況に関する情報が提出され、専門家による技術的レビューの対象となり、各国は多国間検証に参加することとなる。このプロセスを通じて、各国行動の透明性を高めていくことにより、お互いの努力具合をチェックしあうことが可能となり、より意欲的な取り組みに向けた相互作用が生み出されることが期待されている。

　また、この透明性枠組みは、野心引き上げメカニズムの3つ目の要素であるグローバル・ストックテイクに情報を提供することになる。グローバル・ストックテイクとは、パリ協定の目的および長期目標の達成に向けた全体の進捗状況を5年毎に確認するプロセスである。透明性枠組みからの情報提供のほか、IPCCなどを情報源とすることが想定されている。グローバル・ストックテイクは、各国が5年毎にNDCを策定・提出する2年前までに実施され、その時点での取り組みが全体として2℃／1.5℃目標からどの程度乖離しているかが確認されることになる。その結果に基づき各国はNDCを更新・強化することが求められている。

　2015年にパリ協定が採択される前に、各国は約束草案（iNDC: intended Nationally Determined Contribution）を提出しており、それが各国のパリ協定の締結とともにNDCとして登録されている。そして、2020年は各国が一斉にNDCを引き上げる機会であった。新型コロナウイルスの世界流行により1年延期され2021年に実施されたCOP26では120を超える国々がNDCを更新・再提出したことが確認されている。そして、第1回グローバル・ストックテイクは2023年末のアラブ首長国連邦（UAE）・ドバイCOP28で終了した。その成果文書の中で、パリ協定採択前の気温上昇予測は4℃であったものが、各国のNDCが完全に達成された場合の気温上昇は2.1℃から2.8℃となるとしている。[14]

　これは、野心引き上げメカニズムが、1.5℃目標には不十分ではあるが、一定の成果をあげていることを示唆している。他方で、NDCの引き上げだけは、排出ギャップを埋めるこ

との難しさが改めて認識された。民間企業や地方政府などの非国家主体の取り組みや、セクター別あるいは分野別取り組みが NDC を補完するものとして注目されるようになっている。こうした動きはグローバル気候変動ガバナンスのさらなる多中心化につながっていく。

2. グローバル気候変動ガバナンスの多中心化

(1) カンクン合意以降、非国家主体の関与の深まり

地球温暖化問題は、文字通り地球規模の問題であると同時に、地域 (regional)、国や地方 (local) といった重層的あるいは多層的な空間において出現し、その問題への対応もなされる性質のものである。実際、1990 年に 200 の地方自治体のネットワークとして設立された「持続可能な都市と地域を目指す自治体協議会（イクレイ）」などは、早くから取り組みを進めている。しかし、グローバル・ガバナンスという観点から、その多層的なレベルでの対応や行動が認識され、さまざまな行動主体の関与が深まり、さらにはそれらが有機的に連携していくのは、2010 年の COP16 で採択されたカンクン合意以降であった。

カンクン合意では、気候変動対策において、準国家・地方政府、民間企業、市民社会などの幅広い関係者の参加が重要であることが認識された。この内容は、前年の COP15 で採択に失敗したコペンハーゲン合意には含まれていなかった。この文言が含まれた背景は大きく 2 つある。1 つは、新たな多国間枠組みとして期待されたコペンハーゲン合意が採択できなかったことにより、多国間主義の限界が強く認識されたことである。加えて、締約国間で行われる気候変動交渉の全般的な停滞感もあった。2 つ目が、気候変動政策への地方政府の実質的な関与が深まりつつあった実績を梃に、イクレイなどからの強い働きかけがあったことがある。UNFCCC や京都議定書が基本的に締約国間の取り決めを規定するものであったのに対し、カンクン合意は非国家主体の役割を明示的に位置づけたという点で転換点と言える。

さらに、2012 年の南アフリカ・ダーバン COP17 では、2020 年以降の国際枠組みおよび 2020 年以前の取り組みの野心引き上げを議論するダーバンプラットフォーム特別作業部会（ADP）の設立が決まり、野心引き上げ、つまり排出ギャップを埋めるための手段としての非国家主体の役割が注目を集めるようになった。2020 年までの野心引き上げについて議論する ADP ワークストリーム 2 が 2013 年に立ち上がり、その中で、都市や準国家当局の取り組みの教訓や優良事例の共有を推進することを目的とする技術専門委員会（TEMs）が発足した。

この TEMs は、UNFCCC プロセスの中で非国家主体の取り組みを認識し、その取り組みについての情報共有が最初に制度化されたものと言える。TEMs の設立を主導した小島嶼国連合（AOSIS）の交渉官は、この制度化によって非国家主体の関与を広げることで、2℃目標を意識した気候行動の規範の社会化を目指した戦略的な意図があったと述べている。

　TEMs の動きと並行して、地方政府や民間企業の取り組みを後押しするためのプラットフォームが民間主導でも動きだした。2014 年に公表された IPCC の第 4 次統合評価報告書を受け、気候変動問題が、企業の事業基盤にかかわる問題との認識が拡大したことや、脱炭素化に向けた変革にビジネス機会を見出そうとする企業の動きが原動力となった[19]。脱炭素経済への移行を目指して連携する企業のプラットフォームである We Mean Business、企業の再エネ 100% 宣言を後押しするイニシアティブである RE100 などがその例となる。また、IPCC の第 4 次統合評価報告書は、地球温暖化を一定の気温上昇レベルに抑えるために排出できる CO2 の累積総量を示すカーボンバジェット（炭素予算）の概念を提示した。これは、累積排出量が増える限り温度上昇は続いてしまうため、温度上昇を止めるためには排出量を正味でゼロ、つまりネットゼロにしなくてはならないことの科学的根拠となった。これを受け、We Mean Business などは、ネットゼロ達成をその目的とするような野心的な国際枠組みの構築を求めるようになった。

　こうした非国家主体の取り組みが活発化し、また、より野心的な国際枠組みを求める声が高まったことは、パリ協定が COP21 で採択される要因のひとつとなった[20]。このことは、当初、非国家主体の役割は ADP ワークストリーム 2 で 2020 年以前の野心引き上げの文脈の中で議論されていたが、ADP ワークストリーム 2 内外での非国家主体の取り組みや議論が活発化することにより、結果的に ADP ワークストリーム 1 における 2020 年以降の国際枠組みに関する議論にも大きな貢献をしたことを意味する。前述の AOSIS が意図した、気候変動の国際規範を社会化することで国際枠組みの議論を前進させるという戦略が機能していたと言える。

（2）　パリ協定のもとでの非国家主体の役割増大

　非国家主体の取り組みや働きかけを背景に採択されたパリ協定は、非国家主体の関与をさらに加速化させ、グローバル・ガバナンスの多層化を深化させていった。その過程において、パリ協定のもとで非国家主体によるネットゼロに向けた取り組みを登録し、承認する仕組みが作り上げられていくが、その目的は、脱炭素経済への転換に向けた機運を高め、その中で各国政府が排出削減目標を強化せざる得ない状況を作りだすことだった[21]。

　パリ協定と同時に採択された COP21 決定の中で、「市民社会、民間セクター、金融機関、地方自治体、準国家を含む非締約国ステークホルダー（non-Party stakeholders: NPS）」による気候行動の強化・促進に向けたこれまでの努力が歓迎されるとともに、締約国に対して行動強化をさらに促進させるために NPS、つまり非国家主体との協力が推奨された[22]。さらに、非国家主体の取り組みや宣言を登録し、可視化するために、「NAZCA（Non-State Actor Zone for Climate Action）プラットフォーム」が設置された。その後、2016 年のモロッコ・マラケシュCOP22 では、「地球規模の気候行動のためのマラケシュ・パートナーシップ（Marrakech Partnership for Global Climate Action: GCA）」が、非国家主体との連携を強化し、さらなる取り組みの後押しをする目的で設立された。NAZCA プラットフォーム

も GCA の中に位置づけられている。

その後、2018 年に IPCC が『1.5℃特別報告書』を発表し、地球温暖化の 1.5℃上昇と 2℃上昇がもたらす悪影響には明確な違いがあり、1.5℃未満に抑えるためには世界の CO2 排出量を 2030 年には 2010 年比で 45% 削減し、2050 年頃までにネットゼロにする必要があることを示した。この報告書を受けてグテーレス（António Guterres）国連事務総長は、2019 年 9 月の国連気候行動サミットに先駆けて、各国に対して 1.5℃目標に沿った排出削減目標の引き上げと 2050 年までのネットゼロ達成を呼びかけた。同サミットに合わせて、COP25 議長国チリの主導により、2050 年ネットゼロに誓約する国家および非国家主体が参加する「気候野心同盟（Climate Ambition Alliance）」を発足させた。さらに、2020 年 6 月に、COP25 議長国チリと COP26 議長国英国が主導し、1.5℃目標達成には国家以外にも企業、金融機関、地方自治体、NGO 等の非国家主体の行動が重要であるとして、非国家主体の「気候野心同盟」への参加を促す国際キャンペーン「Race to Zero（ゼロへの競争）」を開始した。「Race to Zero」は、既存のイニシアティブを集約するとともに、個別の非国家主体に対しても一定の条件を満たすことで直接の参加を呼びかけた。「Race to Zero」への参加条件として、自らの燃料燃焼や工業プロセスに伴う排出（スコープ 1）や他社から供給される電気等の利用に伴う排出（スコープ 2）のみならず、原料調達から製造、物流、販売、廃棄に至るバリューチェーン全体での GHG 排出量（スコープ 3）まで含めた排出量での 2050 年ネットゼロ目標と 2030 年等の中間目標の設定、ネットゼロに向けた移行戦略の策定、経営陣のコミットメント等が定められている。「Race to Zero」は、2020 年がパリ協定のもとで各国が NDC を一斉に引き上げる最初の機会であったため、同年に英国グラスゴーで開催される予定であった COP26 に向けて、脱炭素化の流れを加速し、各国政府に対し気候変動緩和の政策を引き上げさせることを狙いとしていた。

COP26 では、「ネットゼロのためのグラスゴー金融同盟（Glasgow Financial Alliance for Net Zero: GFANZ）」と呼ばれる金融機関の有志連合も正式発足した。GFANZ は、カーボンニュートラルの実現を金融面から推進するために、機関投資家、銀行、資産運用会社、投資顧問会社などの業態別に発足していた 7 つのイニシアティブを連携させることを目的とした。COP26 時点で 45 か国の 450 社以上の金融機関が参加し、その資産規模は 130 兆ドル（約 1 京 4,800 兆円）を超えた。GFANZ 傘下となる 7 つの金融イニシアティブは「Race To Zero」への協賛イニシアティブとなっている。

パリ協定が非国家主体との協働を謳い、その取り組みを可視化する仕組みを整えたこともあり、非国家主体の取り組みはパリ協定採択以降、爆発的に増え、NAZCA の登録数は 2014 年時点では 400 程度であったものが、2023 年 10 月末では 32,000 以上となっている。また、1.5℃目標に沿った 2050 年ネットゼロに向けたイニシアティブを戦略的に後押しする「Race to Zero」には現在、11,000 以上の非国家アクターが参加している（2022 年末時点）。さらに、国、地域、都市、企業のネットゼロ目標が透明性を評価する専門家グループであるネットゼロ・トラッカー（Net Zero Tracker）によると、2023 年 11 月時点で、フォー

ブス・グローバル 2000（フォーブス誌が毎年発表する、世界の公開会社の上位 2,000 社）の半数以上、1,006 社がネットゼロ目標を掲げている。[27] その売上総額は 27 兆ドルになる。

　このような非国家主体の取り組みを促進・動員する動きには、ビジネス、都市、地域、金融機関、投資家といった個々の非国家主体が迅速かつ大幅な排出削減を達成し、2050 年ネットゼロ実現を後押しするという目的に加え、幅広い非国家主体が 1.5℃目標にコミットし、脱炭素社会を実現するために団結しているというシグナルを各国政府に送るという戦略的な目的があった。実際、1.5℃目標に向けた機運が高まる中、2021 年 11 月に COP26 で採択されたグラスゴー気候合意では「1.5℃の気候変動の影響は、2℃の場合よりもはるかに低いことを認識し、1.5℃以内に抑える努力を追求することを決意する」ことに合意した。[28] これは、パリ協定の軸足が、2℃目標から、これまで努力目標と位置づけられてきた 1.5℃目標の達成に向けて移ったこと、つまり、1.5℃目標の国際規範化が進んだことを意味した。1.5℃目標の国際規範化における非国家主体、およびその動員を促した国連事務総長や COP 議長国であったチリおよび英国の役割は無視できない。

　しかし、非国家主体の取り組みが増加すると同時に、「グリーンウォッシュ」の懸念も上がってきた。グリーンウォッシュとは、実態がない、または実態以上に、環境（サステナビリティ全般を含む）に配慮しているように見せかけたり、不都合な事実を伝えずに良い情報のみを伝えたりすることを指す。[29] 非国家主体のネットゼロ宣言の信頼性、透明性を確保するために、国連ハイレベル専門家グループが 2022 年 11 月に報告書『Integrity Matters』を発表した。[30] 報告書の提言には、2050 年ネットゼロだけでなく 2030 年、2035 年などの中間排出削減目標も提示し、第三者機関から検証を受けること、スコープ 3 を含んだ削減目標を立てることが含まれる。また、カーボン・クレジットについては、少なくとも追加性（カーボン・クレジット収入によるインセンティブがなければ、緩和活動は起こらなかったであろうこと）と永続性（恒久的な排出削減量・除去量であることを示すこと）の基準に適合した高品質なカーボン・クレジットを、自社のバリューチェーン外の気候変動緩和活動に使用することとし、自らの中間排出削減目標の達成には使うべきではないとしている。さらに、IPCC や国際エネルギー機関（IEA）の 1.5℃排出経路に沿って、化石燃料の利用や化石燃料への支援を停止する目標を立てること、中間目標の達成を経てネットゼロを実現するための行動を示す移行計画を策定・公表すること、業界団体等を通じた気候変動対策への反対活動等の禁止等も盛り込まれている。

　2023 年 6 月、UNFCCC 事務局は『Integrity Matters』の提言内容に基づき、非国家主体が説明責任を果たすための枠組みとその導入計画案を発表した。[31] 導入計画案には、非国家主体に対して「ネットゼロ宣言」や「移行計画」を GCA ポータルに登録し、『Integrity Matters』の基準とどのように整合しているのかを毎年報告することや、その進捗を示すためにバリューチェーン全体の排出量やカーボン・クレジットの利用状況を毎年報告すること等が含まれる。こうしたガイダンスに基づき、ネットゼロ誓約と移行計画を GCA ポータルに提出するための標準化されたテンプレートが 2024 年 4 月に発表される予定である。

　このように非国家主体のネットゼロ目標や削減目標の透明性、説明責任を向上させる取り組みが進められている。ただし、前述のネットゼロ・トラッカーの分析では、ネットゼロ目標を掲げている企業のうち、スコープ3排出量を把握・公表しているのは37%にすぎないとしている。⁽³²⁾さらに、カーボン・クレジットの活用の条件を明確にしているのは13%のみであり、実質的な排出削減効果を伴わないカーボン・クレジットがネットゼロ目標の達成に使われる可能性があるとの懸念を示している。さらに、2023年11月時点で、『Integrity Matters』の基準を満たしているネットゼロ目標は4%にすぎないと指摘している。ネットゼロ目標を掲げる企業の数は増加しているが、目標そのものや実施体制の透明性といった質を向上する必要があるとしている。

(3)　国家主導のミニラテラル・イニシアティブ

　限られた数の政府によって統治されるイニシアティブである気候ミニラテラリズムは、多中心的なグローバル気候変動ガバナンスにおいて、国家主導の制度的発展に大きく寄与してきた。本節では、グローバル気候変動ガバナンスにおけるミニラテラル・イニシアティブの台頭について3つの期間に分けて概観する。

　国家主導によるミニラテラル・イニシアティブの最初の波は2000年代初頭に見られ、京都議定書を離脱した米国が主導した。これらのイニシアティブは、京都議定書とは異なり、削減目標を設定せず、また、京都議定書では扱われていない具体的な技術開発、普及に向けた協力が中心となった。24か国・機関が参加した炭素回収および貯留（CCS）を推進するための「炭素貯留リーダーシップ・フォーラム（2003年）」、17か国が炭坑、石油・ガスシステム、廃棄物埋立地におけるメタンの回収・利用についての協力を進める「メタン市場化パートナーシップ（2004年）」、15か国が参加し水素利用のための規格・基準の国際統一に向けて、民間企業を加えた連携を目指す「国際水素燃料電池パートナーシップ（2003年）」などである。さらに、京都議定書の発効後、2006年に「クリーン開発と気候に関するアジア太平洋パートナーシップ（APP）」、2007年に「エネルギー安全保障と気候変動に関する主要経済国会合（MEM）」が米国主導で生まれた。

　特にAPPは、その設立声明においてUNFCCCや京都議定書との補完関係が謳われていたものの、法的拘束力のある排出削減目標を課す京都議定書に対抗するアプローチとしての性格が指摘された。⁽³³⁾具体的には、APPは米国、日本、中国、インド、韓国、豪州、カナダの7か国が参加し、技術開発、普及、移転を促進するための官民パートナーシップであり、石炭、鉄鋼、セメント、アルミ、発送電など8分野での作業部会で非拘束的な合意を作成し、その実施方法を検討するとした。CBDR原則や多国間主義、先進国に対する排出削減目標の設定といったUNFCCCや京都議定書の規範とは異なり、主要技術ごとに利害関係のある少数の参加者（政府および民間企業）で、技術開発や普及に向けた協力を実施するという考え方に立っていた。つまり、APPは、規範的争いを具体化し、UNFCCC／京都議定書の規範と競合する規範的解釈を拡散するための組織的プラットフォームであったと

の指摘がある。[34]

　このように注目を集めた APP であったが、米国の政権交代により終了となった。2009年1月に民主党オバマ（Barack Obama）政権が誕生し、連邦議会の上・下院で民主党が多数党になったことに伴い、石炭火力に関連する国際取り組みへの資金提供を行わないとの理由から、米国は APP の共同議長や事務局機能の返上を通告した。これを受け、2011年4月に APP は正式に解消され、APP の作業部会の一部（鉄鋼、セメント、発送電）が、G7主導で別途立ち上げられていた国際省エネルギー協力パートナーシップ（IPEEC）の傘下に移行、再編された。MEM については、「エネルギーと気候に関する主要経済国フォーラム（MEF）」と改名し、2009年末の COP15 に向けた主要国間の意見交換の場として活用された。APP によって代替的な枠組みを構築することにはならなかったが、技術分野ごとに技術力、資金力、一定規模の国内市場を持つ少数の国が主導するアプローチは、後述するようにパリ協定のもと、1.5℃目標と整合した取り組み強化の文脈で再度、注目を浴びることになる。

　国家主導のミニラテラル・イニシアティブの第2波は、2009年の COP15 でコペンハーゲン合意の採択に失敗したタイミングと重なる。ただし、この第2波では、実際のイニシアティブが多数立ち上がったというよりは、学術的な検討が中心だったと言える。200近くの締約国間でのコンセンサス・ベースがゆえに遅々として進まない交渉プロセスや、米国や中国といった大排出国に参加のインセンティブを十分に与えられないといった国連型多国間主義の欠陥の多くは、より小さなスケールで対処できるとの指摘がなされた。[35]そして、UNFCCC や京都議定書の代替または補完として、より小規模なグループによる取り組みについての様々な提案が出された。

　国家主導のミニラテラル・イニシアティブの第3波は、パリ協定採択後、特に2021年の英国グラスゴー COP26 以降にみられた。パリ協定の 1.5℃目標達成に向けては世界の CO2 排出量を2020年代半ばまでに反転させ、2030年には大幅削減が必要となり、2020年代が「勝負の10年間」とされた。その勝負の10年間の幕開けとなる COP26 において、その数多くのイニシアティブや声明が発表された。[36]

　エネルギー分野では、再エネ導入拡大・電力系統の国際連携線の拡大、削減対策の講じられていない石炭火力の段階的廃止、石炭火力の早期閉鎖支援、対策が講じられていない化石燃料の廃止に向けた公的支援などが含まれた。森林分野では、2030年までに森林減少と土地劣化を止め回復させることや、2021〜25年に120億ドルの拠出表明が出された。メタンについては、100か国以上が2030年までに20年比30%削減を誓約するグローバル・メタン・プレッジに署名した。交通運輸では、2040年（先進国市場は2035年）までに新車販売をゼロエミッション車とすることや、国際航空からの排出量を 1.5℃目標と整合性をもって削減すること、さらに、ゼロエミッション航路の確立（2020年代半ばまでに最低6ルート）などである。こうした傾向はエジプト・シャルムエルシェイク COP27、UAE・ドバイ COP28 でも続き、多くの新たな分野別イニシアティブや声明、あるいはこれまで発

表されたもののフォローアップがなされた。

　しかし、COP28で発表された新たな取り組みのうち、（1）130か国が署名した再エネ容量3倍・省エネ改善率2倍の誓約、（2）UAE、サウジアラビアおよび大手石油ガス会社50社が参加し、2030年フレアリング（焼却処理）廃止、2050年操業時ネットゼロを目指す石油ガス脱炭素憲章、（3）年間10億トンのCCS規模を目指す炭素管理チャレンジ、（4）冷房関連の世界排出を2050年までに2022年比で68%削減する世界クーリング誓約などの取り組みの排出削減効果を推計した研究では、排出削減効果のうち40%程度は既存のNDCと重複する、つまり、追加性はないため野心向上には貢献しないとしている。また、2030年までに炭素回収を年間10億トン／年に拡大するとの声明は、現時点で建設中・計画中のプロジェクトを考慮しても非現実的であり、目前の排出削減の重要性から目をそらす可能性があるとしている。こうしたことから、追加的な排出削減効果がどの程度あるのかといった情報開示に加え、説明責任の向上が必要であると指摘している。

おわりに

　グローバル気候変動ガバナンスの多中心化は、国連型の多国間主義に基づく国家間制度の進展と限界に伴う形で、進んだことが確認できた。国家間制度の進展についてみると、UNFCCCおよび京都議定書の後、コペンハーゲン合意の採択失敗を経て、カンクン合意へと進むにつれ、各国の排出削減努力についての硬直的な二分法から徐々に脱却し、パリ協定では附属書I国と非附属書I国という分類を用いずに、原則、すべての締約国が同じルールのもと、各国は自らの排出削減目標を提出することになった。自らの判断で問題ないと思える水準での排出削減目標を持ち寄る形式により、パリ協定のもとでの排出削減目標への普遍的なコミットメントを可能とした。その一方で、各国の持ち寄った目標を合算しても1.5℃目標はもとより2℃目標の達成すら難しい状況となった。そのため、各国に対して5年毎に削減目標の引き上げをおこなう仕組みが導入された。この野心引き上げメカニズムは一定の成果を上げているものの、2℃目標および1.5℃目標に必要は排出削減レベルに達することはできず、排出ギャップを埋めるための方策として、非国家主体の関与やミニラテラル・イニシアティブの役割の拡大へつながった。

　非国家主体の関与増大については、パリ協定以前からその動きがみられた。コペンハーゲン合意の採択失敗を踏まえ、カンクン合意の下では、非国家主体を含めた多層的な取り組みの重要性が認識され、非国家主体の取り組みについての意見交換を行うTEMsが発足し、情報共有の制度化が進んだ。この制度化には、非国家主体の関与を広げることで、2℃目標を意識した気候行動の規範の社会化を目指した戦略的な意図があった。こうして、非国家主体による脱炭素化に向けた動きの盛り上がりは、パリ協定の採択を可能とする要素のひとつとなった。

　パリ協定以降は、非国家主体のネットゼロに向けたさまざまな取り組みを積極的に認識

し、可視化する動きが加速している。こうした動きは、非国家主体が脱炭素化に向けて団結していることを示すことで、各国政府が目標引き上げや政策措置の強化を打ち出しやすい環境づくりを意図したものであり、国連事務総長やチリや英国といった COP 議長国のリーダーシップが大きな役割を果たした。

　国家主導のミニラテラル・イニシアティブの動きも、多国間ベースの国家間制度の進展に合わせたものであった。2000 年代は米国が主導して、京都議定書への対抗イニシアティブとも受け止められる、技術開発・普及中心のミニラテラル・イニシアティブを多数立ち上げた。そして、コペンハーゲン合意の採択失敗を契機に、ミニラテラルな取り組みがUNFCCC・京都議定書に代替すべきといった案も含めて、ミニラテラリズムの役割についての議論が引き起こされた。パリ協定採択後では、技術開発・普及といったテーマに限らず、多数の分野別イニシアティブが立ち上がっている。ここでは、パリ協定に代替するというよりは、協定を補完する形で、排出ギャップを埋めることが目的となっている。

　以上から、グローバル気候変動ガバナンスを特徴づける多中心性は、自然発生的に構成されたものではなく、国連型多国間主義の枠組みの変化や欠点に対して、さまざま行為体が意図的、戦略的に対応してきた結果であったと言える。対応が、国連型多国間主義の枠組みと補完的になるのか、競合的・代替的になるかは、主導する行為体に左右される。京都議定書に参加しなかった米国が、京都議定書に競合的なミニラテラル・イニシアティブを主導した例や、COP25 および COP26 の議長国として野心引き上げを補完し、後押しするために非国家主体の取り組みの可視化を進めたチリや英国の例がある。普遍的な参加となっているパリ協定の採択後は、野心引き上げといったパリ協定が直面する課題をいかに克服するかという方向へ進んできている。

　ただし、非国家主体の取り組みや国主導のミニラテラル・イニシアティブも多くの課題を抱えている。特に、透明性や説明責任が不十分な面が指摘されている。非国家主体が掲げているネットゼロ目標が、信頼性がなく、説明責任も不十分となると、脱炭素化に向けた機運が損なわれ、各国政府が目標を引き上げたりや政策措置の強化を打ち出したりする環境づくりに貢献できない。ここで注目したいのは、透明性や説明責任にかかる基準やそれを確保するための枠組み作りを UNFCCC が担いつつあることである。この取り組みは、多中心的なグローバル気候変動ガバナンスにおいて、さまざまな行為体やイニシアティブの透明性を高め、1.5℃目標と調和のとれたものにできるかの試金石となる。

　さらに、どのようなミニラテラル・イニシアティブのあり方が、各国の野心向上に貢献するのか、あるいは排出ギャップを埋める効果を持つことができるかについての包括的な検証が十分に行われているとは言えない。これまでの国家主導のミニラテラル・イニシアティブは、分野ごとに最も必要とされる協力ニーズを検討し、適切な協力方法、適切な参加国・機関でもって発足させるというよりは、政治的な動機に基づくものもあった。[38]各イニシアティブについて、1.5℃目標に向けて 2030 年までに行動を加速させていく上で、適切な分野であり、適切な参加国・非国家主体の参加を得ているのかについてはさらなる検

討が必要であろう。さらに、複数のイニシアティブをどのように組み合わせていけば、相乗効果を最大化させつつ、トレードオフを最小化できるのか、また、どのような協力内容であれば主要プレーヤーの参加を確保できるのか、などは今後の研究課題となる。

【謝辞】
　本稿は、「課題設定による先導的人文学・社会科学研究推進事業」学術知共創プログラム及び環境研究総合推進費 2-2102 による研究成果の一部である。

【注】

(1)　World Metrological Organization, *Provisional State of the Global Climate in 2023* (Geneva, 2023).

(2)　H. Lee, et al., *Synthesis Report of the IPCC Sixth Assessment Report (AR6): Summary for Policymakers* (Cambridge: Cambridge University Press [hereafter, CUP] , 2023).

(3)　山本吉宣『国際レジームとガバナンス』（有斐閣、2008 年）；西谷真規子「現代グローバル・ガバナンスの特徴―多主体性、多争点性、多層性、多中心性」西谷真規子・山田高敬編『新時代のグローバル・ガバナンス論―制度・過程・行為主体』（ミネルヴァ書房、2021 年）。

(4)　A. Jordan, D. Huitema, H. van Asselt, and J. Forster, *Governing climate change: Polycentricity in action?* (Cambridge: CUP, 2018).

(5)　山本、前掲書。

(6)　Decision 27/CMP.1 （2005 年 12 月 9 日採択）

(7)　Decision 1/CP.13 （2007 年 12 月 13 日採択）

(8)　Decision 1/CP.16 （2010 年 12 月 10 日採択）

(9)　UN Environment Programme (UNEP), *Emissions Gap Report 2010* (Geneva, 2010).

(10)　Decision 1/CP.21 （2015 年 12 月 12 日採択）

(11)　UNFCCC 締約国のうちパリ協定を締結していないのはイラン、リビア、イエメンの 3 か国である。この 3 か国は、パリ協定への署名はおこなっており、約束草案（iNDC）も提出しているが、国内での締結作業が済んでおらず、未締約国となっている。締結作業が済み次第、iNDC は NDC として登録されることになる。

(12)　各国の提案については、次の文献に詳しい。H. van Asselt, S. Håkon, and P. Pieter, *Assessment and Review under a 2015 Climate Change Agreement Copenhagen* (Nordic Council of Ministers, 2015).

(13)　Government of France, "China and France Joint Presidential Statement on Climate Change," (Paris, 2015), http://www.diplomatie.gouv.fr/en/french-foreign-policy/climate/2015-paris-climate-conference-cop21/article/china-and-france-joint-presidentialstatement-on-climate-change-beijing-02-11 （本論文で参照するウェブページは、2023 年 12 月 26 日に最終確認したものである。）

(14)　Draft decision -/CMA.5 (FCCC/PA/CMA/2023/L.17) （2023 年 12 月 13 日採択）

(15)　Decision 1/CP.16, para. 7 （2010 年 12 月 10 日採択）

(16)　Decision 1/CP.17 （2011 年 12 月 11 日採択）

（17）　2020 年以降の国際枠組みについて議論するのが ADB ワークストリーム 1 となった。

（18）　匿名インタビュー（東京、2014 年 2 月 14 日）。

（19）　松尾雄介『脱炭素経営入門』（日本経済新聞出版、2021 年）。

（20）　S. Howard and T. Smedley, "Business: Creating the Context," in H. Jepsen, M. Lundgren, K. Monheim, and H. Walker, eds., *Negotiating the Paris Agreement: Inside Stories* (Cambridge: CPU, 2021).

（21）　UNFCCC, "Race to Zero Campaign," https://unfccc.int/climate-action/race-to-zero-campaign#Minimum-criteria-required-for-participation-in-the-Race-to-Zero-campaign

（22）　Decision 1/CP.21, paras. 134-135（2015 年 12 月 12 日採択）

（23）　IPCC, *Global Warming of 1.5°C. Global Warming of 1.5°C*（2018）, doi:10.1017/9781009157940

（24）　Climate Ambition Alliance, https://cop25.mma.gob.cl/en/climate-ambition-alliance/

（25）　Glasgow Financial Alliance for Net Zero, https://www.gfanzero.com/

（26）　UNFCCC, "Introduction to the Global Climate Action portal（NAZCA）," https://unfccc.int/playground-20/level-2/level-3/united-nations-framework-convention-on-climate-change-unfccc-2

（27）　Net Zero Tracker, "New analysis: Half of world's largest companies are committed to net zero," https://zerotracker.net/analysis/new-analysis-half-of-worlds-largest-companies-are-committed-to-net-zero

（28）　Decision 1/CMA.3（2017 年 12 月 13 日採択）

（29）　電通「サステナビリティ・コミュニケーションガイド 2023」（2023 年）https://www.group.dentsu.com/jp/sustainability/pdf/sustainability-communication-guide2023.pdf

（30）　High-Level Expert Group on the Net Zero Emissions Commitments of Non-State Entities, "Integrity Matters,"（2023）, https://www.un.org/sites/un2.un.org/files/high-level_expert_group_n7b.pdf

（31）　UNFCCC Secretariat "UNFCCC Secretariat Recognition and Accountability Framework: Draft Implementation Plan with respect to Net-Zero Pledges of non-State actors and Integrity Matters,"（Bonn: June 4, 2023）, https://unfccc.int/sites/default/files/resource/Integrity_Matters_recommendation_8_UNFCCC_draft_implementation_plan_v0-1_04062023.pdf

（32）　Net Zero Tracker, "New analysis."

（33）　J. Mcgee and R. Taplin, "The Asia-Pacific partnership on clean development and climate: A complement or competitor to the Kyoto protocol? " *Global Change, Peace & Security*, Vol. 18, Issue 3, 2007, pp.173-192.

（34）　C. Oh and S. Matsuoka, "The genesis and end of institutional fragmentation in global governance on climate change from a constructivist perspective," *International Environmental Agreements: Politics, Law and Economics*, Vol. 17, 2017, pp.143-159.

（35）　F. Biermann, P. Pattberg, H. van Asselt and F. Zelli, "The Fragmentation of Global Governance Architectures: A Framework for Analysis," *Global Environmental Politics*, Vol. 9, No. 1, 2009, pp.14-40; S.O. Ladislaw, *A Post-Copenhagen Pathway* (Centre for Strategic and International Studies, 2010), http://csis.org/files/publication/100111_Ladislaw_Post_copenhagen.pdf ; R. O. Keohane and D. G. Victor, "The Regime Complex for Climate Change," *Perspectives on*

Politics, Vol. 9, No. 1, 2011, pp.7-23; R. Eckersley, "Moving Forward in the Climate Negotiations: Multilateralism or Minilateralism? " *Global Environmental Politics*, Vol. 12, No. 2, 2012, pp.24-42; M. Naím, "Minilateralism," *Foreign Policy*, 135, July/August 2009; and M.J. Hoffmann, *Climate Governance at the Crossroads: Experimenting with a Global Response after Kyoto* (Oxford: Oxford University Press, 2011).

(36)　Government of UK, "COP26 OUTCOMES," https://webarchive.nationalarchives.gov.uk/ukgwa/20230106142411/https://ukcop26.org/the-conference/cop26-outcomes/

(37)　Climate Action Tracker, "COP28 initiatives will only reduce emissions if followed through," (December 11, 2023), https://climateactiontracker.org/publications/cop28-initiatives-create-buzz-will-only-reduce-emissions-if-followed-through/

(38)　L. Weischer, J. Morgan and M. Patel, "Climate Clubs: Can Small Groups of Countries make a Big Difference in Addressing Climate Change? " *Review of European Community and International Environmental Law*, Vol. 21, No. 3, 2012, pp.177-192.

（田村堅太郎　公益財団法人地球環境戦略研究機関・気候変動とエネルギー領域ディレクター）

国際気候変動交渉における EU のリーダーシップ
—コペンハーゲンでの失敗とパリからの再出発—

市川　顕

はじめに

本稿の目的は欧州複合危機⁽¹⁾、英国の EU 離脱、コロナ禍、さらにはロシアによるウクライナ侵攻といった、2008 年のリーマン・ショックから続く世界的・地域的危機の頻発の中で、欧州連合（EU：the European Union）が国際気候変動交渉の場で、どのような変質を遂げたのかを整理・分析することである。そこでまず本稿では EU のパワーを分析し、その能力が影響力として発揮されるために必要な 4 種のリーダーシップを析出する。その後、EU のリーダーシップの組み合わせを、1992 年の国連気候変動枠組み条約（UNFCCC：United Nations Framework Convention on Climate Change）署名から現在に至るまでを射程として明らかにする。結論として、構造的リーダーシップが十全に発揮できない昨今の国際環境において、EU はリーダー兼仲介者となることで、パリ協定を基礎とした起業家的・認識的・模範的リーダーシップを梃子としたアクターとして振る舞っていることを指摘する。

1. EU のパワー再考

1970 年代以降、EU がいかなるパワーなのかといった問題については議論が百出した（Damro 2012, 682）。「パワーとしての EU」の議論は、EU が連邦国家でも国際機関でもないという「一種独特の政体」であるがゆえに、論争を巻き起こした。

(1) パワーとは何か—能力、影響力、そしてリーダーシップの必要性

そもそもパワーとは何か。多くの論者が議論の基盤とするのは Dahl による「A の選好や願望に沿った結果を引き起こす A の能力」（ダール 2012, 62）という定義だろう。ここで、パワーとは「能力」と記載されていることに注意が必要である。van Schaik らは、パワーを「パワーの源泉」（能力）と「他者の行為の変化」（影響力）という 2 つに分類する。これにより、影響力が「アクターの態度・信念・選好の変更（パワーの成功裏の行使）」として定義され、結果として、「影響力に転換されないパワー（利用されない能力）」の存在が浮き彫りになる（van Schaik and Schunz 2012, 172）。つまり、能力が影響力に転化されるためには、何らかのリーダーシップが必要ということになる。

(2)　パワーの分類

　ではパワーはどのように分類されるのか。明田はパワーを、①構造的パワー、②手続き的パワー、③制度的パワー、④規範的パワーに4分類した（明田 2007, 293-298）。

　構造的パワーは「経済力や軍事力といったアクターが本質的に保有しているパワーと、交渉において相手の譲歩を引き出し、自らの譲歩を防止する」「立場の強さ」からなる。手続き的パワーとは「交渉プロセスにおいて交渉者によって発揮される技術的パワー」であり「説得、威嚇、イシュー・リンケージ、サイド・ペイメント、連合形成の能力など」がその構成要素とされる。制度的パワーとは「制度から付与されるパワー」とされる。そして規範的パワーとは、「あるアクターが保有する規範やアイディアの魅力によって他のアクターの行動に影響を与える」ものであり、「既存の規範とは異なる規範、あるいはまったく新しいアイディアを提示するパワー」である。しかし、これらのパワーは単独では存在しえない。アクターは、これらのパワーを同時に備えうる。

(3)　EU のパワーに対する多様なラベリング

　EU 研究の地平を平和（Peace）、繁栄（Prosperity）に加え、パワー（Power）という3つのPで分析することを推奨した遠藤は、EU を「加盟国が単独では確保できない影響力を共同で保全する権力装置」と規定した（遠藤 2016, 226-227）。EU 加盟国は最大の人口をもつドイツでも 8400 万人余りであるが、27 カ国を合計すれば 4 億 4600 万人を超える。連邦国家ではない EU は、国際交渉の場では 27 票を有する。英国は離脱したものの、国際的交渉における票数としてのパワーは侮れない。

　しかし、EU は「完全な大国」とは言い切れない。「完全な大国」とは、構造的パワーの4 要素（安全保障・金融・生産・知識）を支配し、かつ国力に応じた責任を果たすことを選択する国家である。そうであるならば EU は、構造的パワーの4 要素すべてを満たしているとは言えない「選択的大国」に分類されよう（テルパン 2012, 105）。問題は EU がこの4 要素のうち、どれを備えているかである。そこでよく言及されるのが、「経済的巨人、政治的小人そして軍事的幼虫（An Economic Giant, a Political Dwarf and a Military Worm）」という表現である。もちろん巨大な単一市場をともなう経済力こそが、EU のパワーを構成する中心となっていることは疑う余地はない。[2]

　EU のパワーには多くの名前がつけられてきた。このような EU のパワーについては、スモール・パワー（Small Power）（例えば Toje 2011, 46）、モデル・パワー（Model Power）（例えば Gaens and Vogt 2015, 168）、民生パワー（Civilian Power）（例えば Wood 2009, 115）、ソフト・パワー（Soft Power）、NPE（Normative Power Europe）（例えば Manners 2002）、規制力（Regulatory Power）（例えば遠藤・鈴木 2012）、ソフトな帝国（Soft Empire）、転換パワー（Transformative Power）、曖昧なパワー（Ambiguous Power）などである。それぞれの論者の専門とする政策分野によって、EU のパワーが異なるものに見えていることが窺える。

（4）　混成パワーとしての気候スーパーパワー？

　では、気候変動交渉における EU パワーはどのように把握されてきたのか。Ohta らは次のように述べる。「EU は『気候スーパーパワー（Climate Superpower）』と呼ばれてきた。そしてグローバル・アクターとしての EU の興隆は明確であった。EU は規範的リーダーとして行動するとともに、制度起業家として行動してきた。（中略）気候変動に関する EU の力強い行動は、域内における多様なアクター間調整のために重要であるだけでなく、EU が『緑の民生パワー（Green Civilian Power）』として成長するという側面においても重要なのである」（Ohta and Tiberghien 2015, 179）。

　Ohta らの評価には、4 種類のパワーの要素が包摂されていることがわかる。これを混成パワー（Howorth 2010, 465-466）として把握したうえで、Wurzel らは EU の気候変動領域におけるパワーを「ソフトな民生パワー（Soft Civilian Power）」と規定する。その特徴は、多国間合意を好むこと、国際気候変動交渉において政治的リーダーシップを発揮しようとすること、EU 市民の気候変動問題に対する高い関心に応えようとすること、にある（Wurzel and Connelly 2011, 9-10）。

2.　気候変動交渉における EU のリーダーシップ

　前節では、パワーについて、①能力と②影響力の 2 側面に留意した上で 4 つに分類した。その上で、これらの混成パワーとして、EU の気候変動交渉におけるパワーを把握することが適切であるという先行研究の議論を紹介した。

　本節では、これらの重厚な先行研究から導出された、「リーダーシップ」に関する議論を整理したい。能力としてのパワーが、現実に影響力に転化するためには、リーダーシップが発揮される必要がある。リーダーシップをそのようなものとして把握すると、1992 年に採択され、1994 年に発効した UNFCCC の締約国会議（COP：Conference of Parties）を中心として、これまで EU が果たしてきたリーダーシップはどのように整理できるのか。これを可視化させるのが本節の目的である。

（1）　構造的リーダーシップ（Structural Leadership）

　これは前述の構造的パワーに対応するもので、「行為者のハードパワーに関係し、軍事力や経済力といった物質的資源に依存する」（Liefferink and Wurzel 2017, 957）ものである。物質的資源に依存することから、「他のアクターに行動変容を迫るインセンティブ」（Parker et al. 2017, 242）を生み出すことができるとされる。それゆえ EU の場合には、単一市場の存在が物理的資源となり、他の諸国の行動変容を促しうる。

　構造的リーダーシップは、このように、物理的資源によって直接相手の行動変容を迫るには効果が高いが、近年の「気候変動外交の地政学化」（Oberthür and Dupont 2021, 1104）により、状況は複雑になっている。これは、第一に気候変動外交が G7、G20、国連、二国

間・多国間外交を通じて、各国首脳の主要関心事となったこと、第二に、その結果として、気候変動外交が大戦略の一部となり、大国間競争の影響を受けやすくなったこと（Oberthür and Dupont 2021, 1104, 1107）、そして第三に気候変動外交が UNFCCC の COP のみならず、国際民間航空機関などといった他の政府間会合でも重要な問題になっていること[(3)]による。

（2）　起業家的リーダーシップ（Entrepreneurial Leadership）

これは前述の手続き的パワーに対応するもので、「妥協や合意を仲介するための外交的交渉スキルの活用」である。起業家的リーダーは通常、魅力的な方式を考案し、利害を仲介するために交渉術を駆使する。企業や NGO など、国家や非国家のさまざまなアクターが起業家的リーダーシップを採用する可能性をもつ（Wurzel et al. 2019, 9-10）。

EU はこれまで気候変動交渉において、当該問題を経済的問題のみならず規範的問題としても提示して「説得の政治（Politics of Persuasion）」を先導するなど、起業家的リーダーシップを発揮してきた（Schreurs and Tiberghien 2007, 23-24）。これには、EU 域内で気候変動に関する議論を加盟国政府首脳と既に行っていることも影響していよう。共通の目的のために妥協を探る政治的行為は、EU 政治の強みであると考えられる。

また、起業家的リーダーシップは部分的に、前述の制度的パワーにも対応する。「気候変動外交のなかで EU が一貫して訴えてきたのは、拘束力のあるルールに基づいた、公正で普遍的な合意という意味での『効果的な多国間主義』であった」（Bäckstrand and Elgström 2013, 1371）。なぜか。それは EU は「完全な大国」ではないため、「国際的な対立構造の中に溶け込んで」リーダーシップを発揮しなければならない。そのため、「国際的な権力と利害の政治や制度」を重視してきた（Oberthür and Dupont 2021, 1098）。

多くの論者が指摘するように、EU はリベラル国際秩序の守護者として、マルチラテラリズムを推進し、自らが先導して合意した国際法や国際制度の構築によって、制度的パワーを発揮しようとしている[(4)]。

（3）　認識的リーダーシップ（Cognitive Leadership）

これはアイディアを重視するという意味で、部分的に規範的パワーに対応するものである。認識的リーダーシップでは、持続可能な開発やエコロジー的近代化といった概念に象徴されるように、思想を通じて利害を定義したり再定義したりすることがある。認識的リーダーシップには、①環境問題の原因や影響についての評価、②可能な解決策に関する科学的専門知識、および③政策が実際に企業レベルでどのように機能・実施されるかに関する「経験的」知識も必要とされる（Liefferink and Wurzel 2017, 957）。

EU はこれまで、気候正義のためにマルチラテラリズムに依拠して各国をまとめるべきとする道徳的義務感（Creutzig et al. 2014, 8）を有してきた。さらには予防原則に則って EU は、環境に悪影響を与えることが科学的根拠または知見が不十分なために明らかでなくても、取り返しのつかない事態を防ぐために予防的な対応を求めている（牛房 2007, 48）。

この予防原則は、UNFCCC においても重要な要素となっている（Berends 2015, 117）。

(4)　模範的リーダーシップ（Exemplary Leadership）

本節（1）から（3）でみた3種のリーダーシップをまとめて、Oberthür と Dupont は「外交的リーダーシップ（Diplomatic Leadership）」と呼ぶ。なぜなら、これらのリーダーシップは、他の締約国を強制・説得、さらには煽てて（Cajole）行動を起こさせることを目的とする気候変動外交を展開することに寄与しているからである（Oberthür and Dupont 2021, 1100）。

他方で、これらとは趣が異なる第四のものとして、模範的リーダーシップがある。これは「意図的に」他者に模範を示すことを指す[5]。これは、EU 気候変動政策を他国に先駆けて前例のないレベルにまで昇華させ、EU の野心を補強する（van Schaik and Schunz 2012, 169）ことで気候変動交渉に影響力を与えようとした、これまでの EU の態度を説明する一助となる。今日でも Fit for 55 のような EU の気候変動目標は野心的であり、様々な意味で先駆的な法体系の形成と政策の展開に役立っている。このようにして、EU は世界的に合意された目標を達成するための重要なアクターとしての地位を確立したとされる（Dormido et al. 2022, 25）。

もちろん、3節で検討するように、EU の模範的リーダーシップは2009年の COP15 で一定の挫折を経験することになる。このことからその後、模範的リーダーシップのみならず、「仲介的リーダーシップ（Mediating Form of Leadership）」にもより多くの注意が払われるようになった（von Homeyer et al. 2021, 963）。

3.　気候変動交渉における EU のリーダーシップ―継続と変革

前節では、EU が気候変動交渉において用い得るリーダーシップの4形態を示した。EU は4種のパワーの混成パワーであるが、能力としてのパワーを備えていることが、すべて影響力に転化することを意味するわけではない。本稿では、この能力としてのパワーが影響力に転化するために用いられる手法としてリーダーシップを規定し、先行研究に則り4つに分類した。

そこで本節では、このような EU のリーダーシップが、1992年の UNFCCC 署名以降、どのように変遷してきたのかを前節のリーダーシップ概念を用いて概観したい。

(1)　構造的・認識的・模範的リーダーシップの混成？―京都議定書締結まで

気候変動に関する EU による活動の法的根拠は、1987年の単一欧州議定書に環境条項が導入されたことで与えられた。これにより気候変動問題は、欧州委員会が所管する問題として認識されるようになった。国連気候変動に関する政府間パネルが設立された1988年には、欧州委員会は科学的知見と EU として可能な行動についてまとめたコミュニケを発

表、さらに 1990 年 6 月のダブリンで開催された欧州理事会では、国連レベルにおいて温室効果ガス排出削減目標を早期に採択することを求め、他方で EU が気候変動交渉においてリーダーの役割を果たすべきであるとした。同年 10 月の環境閣僚理事会とエネルギー閣僚理事会では、もし他の先進国が同様の行動を取るのであれば、EU が 2000 年までに CO2 の排出量を 1990 年レベルで安定化させる、という政治的合意を採択した。これは、1992 年の地球サミットに先立って、EU が、特に米国との関係において、気候変動外交で主導的な役割を果たすことを可能とした（Wurzel and Connelly 2011, 5; Afionis and Stringer 2014, 48）。

この時期、EU が積極的な姿勢で気候変動問題に臨めたのは、大別すると 2 つの要因がある。第一は、1980 年代を通じて欧州ではエコロジー的近代化の議論が盛んであったことである。これによれば、積極的に温室効果ガス排出量の削減を進めることで、化石燃料への依存を減らし、エネルギー分野での先行者利得を得られるとされた（van Schaik and Schunz 2012, 176）（構造的リーダーシップのさらなる発展の模索）。第二は、1989 年の東欧革命とその後の展開によって、特にドイツでは旧東ドイツの産業の落ち込みによる温室効果ガス排出量削減（いわゆる"Wall Fall Profit"）を手にしていた。このような中東欧諸国の EU 加盟への動きは、EU の温室効果ガス排出削減に大きな役割を果たすことが期待された（Wurzel and Connelly 2011, 6）。

1992 年、UNFCCC が署名された。[(6)]ここでは EU が求めていた気候変動に関する野心的な削減目標を盛り込めなかったが、その後の締約国会議において、この目標を追求することとなった。

1997 年の京都で開催された COP3 で合意に至った京都議定書をめぐる政治過程において、EU は模範的リーダーシップを用いた。1995 年にベルリンで開催された COP1 では、EU は拘束力のある排出削減目標を盛り込んだ合意を推進した。さらに COP3 に先立つ 1997 年 3 月の環境閣僚理事会にて、EU は先進国に対して 1990 年比で 2010 年までに一律 15% の温室効果ガス排出量削減という、野心的な提案をした。結果、激しい交渉の末 2008-2012 年の期間に EU は 1990 年比で 8% 減（米国は同 7% 減）というところで落ち着いたものの、COP3 に至る気候変動外交において EU は、先進国の中で最も積極的かつ野心的なリーダー（Bäckstrand and Elgström 2013, 1376）としての地位を固めた。

(2) 模範的リーダーシップの主流化？―京都議定書の発効とポスト京都

2001 年 3 月 28 日、ブッシュ（George Bush Jr.）米大統領は京都議定書からの離脱を表明した。EU はスウェーデン議長国のもと、3 月 31 日に環境閣僚理事会において批准手続きを進めることで合意し、2002 年 2 月に欧州議会は 540 対 4 という大差で京都議定書を支持し、同年 5 月に EU は京都議定書を批准した（Wurzel and Connelly 2011, 7-8）。

この前後、EU は京都議定書の発効に向けて、気候変動外交を積極的に展開した。特に批准に必要な温室効果ガス排出大国である日本、カナダ、中国そしてロシアといった諸国

との交渉を欧州委員会が中心となって行った（Delbeke et al. 2019, 27）。最後の砦であった
ロシアは、2004 年 11 月 18 日に批准書を提出し、これにより京都議定書は 2005 年 2 月 16
日に発効にこぎつけた（起業家的リーダーシップ）。これを受けて、2005 年 3 月の環境閣
僚委員会において、EU 気候変動目標の修正が行われ、2020 年までに 1990 年比で温室効果
ガス排出量の 15-30% 削減、2050 年までに 60-80% 削減で合意が図られた（Costa 2011, 188-
189）（模範的リーダーシップ）。

　この時期の EU については、気候変動リーダーシップに関して 2 つの重要な事象を指摘
することができる。第一は 2004 年の EU 第五次拡大により新たに中東欧諸国を中心とする
10 カ国が EU に加盟したことである。このことは、EU の単一市場の規模拡大に貢献（構
造的リーダーシップ）したものの、いくつかの中東欧諸国は即時の温室効果ガス排出の大
幅削減には消極的であり、域内における慎重な議論が必要となった。第二は 2006 年のス
ターン・レビューである。これにより、可能な限り早くから緩和手法を行うコストの方が、
後になってから対応するコストよりもはるかに安いことが明らかとなり、気候変動政策は
EU にとって長期的な経済的利益となるという見解が強化された（van Schaik and Schunz
2012, 176）（認識的リーダーシップ）。

　このような状況の中で 2007 年 3 月には、欧州委員会が 2020 年までに 1990 年比で温室
効果ガス排出量 20% 減、エネルギー効率の 20% 改善および EU のエネルギー消費割合に
おける再生可能エネルギーの割合を 20% とする、いわゆる「トリプル 20」案を提出し、承
認された[7]。また、フランス議長国時代の 2008 年 12 月の欧州理事会での議論において、他
の先進国が同様の施策を行う場合には 2020 年までに 1990 年比で温室効果ガス排出量を
30% 減にまで増やすことも合意された（Wurzel and Connelly 2011, 8-9）（模範的リーダー
シップ）。また 2009 年 12 月 1 日に発行したリスボン条約では、第 191 条 1 項で気候変動
について「EU が地域的および世界的な環境問題および、特に気候変動対策に対処するた
めの、国際的なレベルにおける手法を促進する」と明示された（Barnes 2011, 44）。

　この時期次々と繰り出された EU の気候変動政策は、2009 年に控えた COP15 において、
模範的リーダーシップを梃子に、ポスト京都議定書（先進国諸国以外も含めた法的拘束力
のある排出削減の制度構築）における交渉を優位に展開するためであったと言えよう。そ
れには、世界における EU の温室効果ガス排出割合の減少、2008 年のリーマン・ショック
による世界経済の構造的転換の開始、2006・2009 年のロシア＝ウクライナのエネルギー危
機の勃発など、EU の構造的パワーの揺らぎが関係していよう。EU は、ポスト京都の制度
設計を優位に進めることで、起業家的リーダーシップをともないつつ、模範的リーダーシッ
プを最大限活用しようと試みた。

（3）　模範的リーダーシップの打撃—コペンハーゲンの失敗

　2009 年の COP15 は、ポスト京都の制度構築を目的とした 2007 年 12 月に採択されたバ
リ・ロードマップに基づく 2 年間の気候変動外交のクライマックスと見なされていた（Groen

and Niemann 2013, 311）。しかし、結果的には EU が新たに提案した拘束力のある世界的合意は、米国と経済新興国の反対を受け、EU は気候変動交渉において孤立し失敗に終わった。結局 COP15 では、3 ページの法的拘束力のない政治合意であるコペンハーゲン合意に「留意する」という結果しか得られなかった。なぜ EU のリーダーシップが COP15 において有効に機能しなかったかについては、多くの研究者の関心を呼んだ。例えば Delbeke らは「より『ボトムアップ』で拘束力の弱いアプローチという米国のビジョンが新興国の支持を受け、EU は NGO コミュニティからは大きな支持を受けたにも関わらず、孤立することになった」（Delbeke et al. 2019, 29-30）と分析した。

　逆説的なことに、温室効果ガス排出量の多い中国、米国そしてインドらの合意なしには、EU が推奨する「トップダウン」で拘束力の強い制度構築が不可能になっていたのである（Parker et al. 2017, 242）。構造的リーダーシップの経年変化は、気候変動外交の力関係を変容させた。さらには、EU 拡大によって、欧州委員会の設定した模範的リーダーシップとしての目標に公然と疑義を呈する加盟国が現れるなど、EU 域内での綻びも見え隠れしていた。このような状況において、EU の長期的で規範的な志向が、米国と新興国の短期的で経済的な志向に押し戻された（Bäckstrand and Elgström 2013, 1378-1379）のが、COP15 だったのである。

　いかに科学的知見に裏打ちされた（起業家的リーダーシップ）野心的な目標を域内で設定（模範的リーダーシップ）しても、フォロワーとなる諸国が存在しなければ EU の求める制度構築は不可能であるという気候変動交渉の現実を、EU は見せつけられた。しかし、EU はこれで気候変動外交のリーダーとしての座から降りようとはしなかった（Parker et al. 2017, 240-241）。COP15 の失敗から「いかにしてリーダーシップを発揮し、フォロワーを獲得するか」（Dupont and Moore 2019, 56）という新たな課題を見出し、リーダーシップのあり方を再考することによって、気候変動グローバル・ガバナンスの再構築を急いだのである。

（4）　リーダーからリーディエーターへ？—パリ協定への道

　COP15 失敗後の 2010 年 2 月、欧州委員会に気候行動総局が設置され、ヘデゴー（Connie Hedegaard）が初代委員に任命された。[8] デンマーク出身で、COP15 の準備に奔走し、ジャーナリストや政治家としてのキャリアを持つ彼女は、EU の気候変動交渉における役割の再編に尽力した。EU としては、今後は気候変動に最も脆弱な途上国と先進国をまとめることで気候変動外交を主導し、すべての UNFCCC 締約国に適用される法的効力を持つ取り決めを 2015 年までに完了する、ことが新たな方針となった（Delbeke et al. 2019, 31）。

　この方針は、ダーバンでの COP17 から採用された。EU は気候変動に最も脆弱な途上国とともに「進歩同盟（Progressive Alliance）」を主導し、変容する国際社会に対応したまとめ役たろうとし始めた。具体的には、中国や米国といった構造的リーダーシップの強い国家に対応すべく、法的拘束力のある普遍的な制度構築を求める途上国に働きかける戦略で

あった。この「進歩同盟」は、2015 年の COP21 ではさらに発展し、「高い野心連合（High Ambition Coalition）」となった。このような EU の気候変動外交交渉を指して、Bäckstrand らは「リーダー（Leader）」でありつつも「仲介者（Mediator）」であることを目指したという意味で、EU を「リーディエーター（Leadiator）」と名付けた（Bäckstrand and Elgström 2013, 1382-1383）。模範的リーダーシップに起業家的リーダーシップや仲介的リーダーシップを混成し、規範と外交交渉の二重構造を効果的に利用しようとしたのである。

　欧州委員会は 2013 年に 2030 年の気候・エネルギー政策の枠組みに関する緑書「A 2030 Framework for Climate and Energy Policies（COM（2013）169final）」[9]を発表した。この文書は 2014 年 3 月に欧州理事会によって承認され、同年 6 月には気候変動・エネルギー問題を次期欧州委員会の優先事項とすることを決定した。同年 10 月、欧州理事会は 2030 年までに 1990 年比で温室効果ガス排出量の 40% 減少、EU のエネルギー消費割合における再生可能エネルギーの割合を「少なくとも」27%、2007 年と比較してエネルギー消費量を 27% 以上削減、とする拘束力のある目標で合意をみた（Roeben 2018, 21; Fitch-Roy and Fairbrass 2018, 5）。

　このように模範的リーダーシップを発揮できる域内環境を整備した上で、EU は COP21 のパリ会議に向けて、リーディエーターとしての努力を続けた（Parker et al. 2017, 241）。EU がここで追求した目的は以下の 4 点であるとされる。第一は、すべての国を拘束する国際条約の締結である。第二は「すべての締約国による公正で野心的かつ定量化可能な緩和約束」が盛り込まれることである。第三は、5 年ごとに定期的に野心を高めるための段階を設定し見直し可能とするメカニズムの導入である。そして第四に、緩和行動の透明性と説明責任を確保するため、締約国のための強固な共通規則の導入であった（Oberthür and Groen 2018, 714-715）。

　2015 年 12 月 12 日、パリにて 196 カ国の UNFCCC 締約国はパリ協定（The Paris Agreement）を採択した。EU は、気候変動が産業革命以前の水準から 2℃ を「はるかに下回る」水準に抑え、1.5℃ に「制約する努力」を追求するとするこの協定を、「史上初、真にグローバルな気候協定」であると称賛した（Parker et al. 2017, 239）。このパリ会議において EU は、リーディエーターとして再度輝きを取り戻した。もちろん、COP15 同様、米国と中国の構造的パワーが重要であることについて変わりはなかった。それゆえ EU は、成功の見込みのある「穏健な改革主義的目標」を推し進める戦略を採用した（Oberthür and Groen 2018, 717）。

　そのため、前出の「高い野心連合」の凝集性を高める努力のみならず、EU は構造的パワーを持つ大国との二国間協議も重視した。例えば、パリ会議に先立ち EU と中国は炭素取引に関する協力強化で合意し、パリでの法的拘束力のある合意を求める共同声明を発表した。EU と米国は、強力な報告・透明性措置、さらには定期的なレビュー・プロセスに関して手を組んだ。これらの二国間協議での成果も、裏を返せば、コペンハーゲンの失敗後に結成した「高い野心連合」を背後に抱えていたからであった（Parker et al. 2017, 249）。

例えばパリ会議中の 12 月 8 日には「高い野心連合」計 79 カ国が野心的なパリ協定を共同で支持し、協定の長期目標、法的形式、レビュー・プロセス、資金メカニズムで合意したと発表すると、翌 9 日にケリー（John Kerry）米国気候変動問題特使がこのグループに参加した。彼の参加は、中国やインドがパリ協定の内容を薄めようと水を差すのを阻止するのに大きく役立ったとされる（Parker et al. 2017, 248）。Oberthür らは、このような EU の仲介的リーダーシップのあり方を「積極的な連携構築と橋渡し」として評価した（Oberthür and Groen 2018, 721-722）。そして EU の目標の多くを包摂したパリ協定は、EU の起業家的リーダーシップを強化することが期待されたのである。

おわりに

2017 年 6 月、トランプ（Donald Trump）米大統領はパリ協定からの離脱を表明した。これは 2001 年のブッシュによる京都議定書からの離脱を想起させた。しかし、国際的な気候変動問題に関する認識は、前回とは異なっていた。皮肉なことに、トランプによるパリ協定離脱は、米国を気候変動外交における主役の座から下ろすことにつながった。米国は構造的パワーを気候変動外交に効果的に行使する機会を自ら放棄したとも言える。

他方、EU はパリ協定によって補強した起業家的リーダーシップ、国際的な気候変動問題への理解の促進といった認識的リーダーシップ、そして模範的リーダーシップを効果的に混成し、2009 年の教訓として、また 2015 年の成果として育んできた仲介的リーダーシップを組み合わせ、リーディエーターとして今日の気候変動グローバル・ガバナンスにおいて主導的役割をはたそうと努力している。

構造的・認識的リーダーシップに関しては、2019 年 12 月の欧州グリーンディール（EGD：European Green Deal）に注目すべきである。これは、同月に就任したフォン・デア・ライエン（Ursula von der Leyen）欧州委員会委員長の目玉政策である。これにより EU はあらゆる政策分野においてパリ協定で決められた気候変動目標を組み込んだ「産業政策」として、EGD に基づく各種産業の国際的競争力の強化（構造的リーダーシップの回復）を企図した。脱炭素産業を軸とした産業の再編成（認識的リーダーシップの具現化）こそ、EU が今後、国際経済における競争力を再度強化するための大きな試金石になる。

その後、EU も他国に漏れずコロナ禍に突入した。欧州委員会は総額 1 兆 8,243 億ユーロに上る大規模予算を投じ、「グリーン」と「デジタル化」の推進を通して革新的な経済再建を目指した。コロナ禍という災いを転じて、EGD の推進をなそうという強い意志を感じられるものであった。その約 1 年後の 2021 年 7 月 14 日、欧州委員会は Fit for 55 を提案した。このような動きは、EU の模範的リーダーシップの強化にあたる。

そして現在 EU は、2022 年 2 月よりロシアによるウクライナ侵攻という、気候変動問題にも大きな影響を与えるエネルギーに関する大問題と直面しているとともに、さらなる地政学的地殻変動の中にある。G20 や国連総会での対露非難決議の状況を見ても、リベラル

国際秩序の後退は目につくようになり、多国間外交の有効性にも疑義が示されつつある。これに対して EU は RePowerEU というエネルギー政策を発表し、化石燃料依存からの脱却、エネルギー供給先の多様化および再生可能エネルギーのさらなる加速的開発を目指した。[(10)]

　しかし今こそ、気候変動交渉の領域については、あらゆる国が参加するフォーラムとしての機能を維持していくべきであると考えることもできよう。EU が今後、二国間関係が広範な多国間交渉に組み込まれる構造を持つマルチプル・バイラテラリズム（MB：Multiple Bilateralism）（Belis et al. 2018, 85-86）の中で、効果的なリーディエーターとして行動することができるのか。EU の脱炭素政策とグローバル・ガバナンスとの関係について、引き続き注視する必要がある。

【謝辞】
　本稿は、科学研究費補助金基盤研究（B）「欧州統合の「逆行」と EU- アジア太平洋関係：国際構造と地域統合の相関についての考察」課題番号：23732690（研究代表者：岡部みどり・上智大学）による研究成果の一部である。

【参考文献】
明田ゆかり「縛られた巨人— GATT/WTO レジームにおける EU のパワーとアイデンティティ」田中俊郎・小久保康之・鶴岡路人編『EU の国際政治—域内政治秩序と対外関係の動態』（慶応義塾大学出版会、2007 年）、287-322 頁。

市川顕「REPowerEU —危機への対応と 3 つの E」日本国際問題研究所編『戦禍のヨーロッパ—日欧関係はどうあるべきか』（日本国際問題研究所、2003 年）、129-141 頁。

市川顕「石炭を諦めない— EU 気候変動規範に対するポーランドの挑戦」臼井陽一郎編『EU の規範政治—グローバルヨーロッパの理想と現実』（ナカニシヤ出版、2015 年）、212-232 頁。

市川顕・高林喜久生共編『EU の規範とパワー』（中央経済社、2021 年）。

牛房義明「環境政策の目標・手段・主体」時政勗・薮田雅弘・今泉博国・有吉範敏共編『環境と資源の経済学』（勁草書房、2007 年）、46-65 頁。

遠藤乾『欧州複合危機』（中公新書、2016 年）。

遠藤乾・鈴木一人共編『EU の規制力』（日本経済評論社、2012 年）。

河越真帆『EU 共通航空政策の軌跡と変容—域内市場統合から域外進出へ』（吉田書店、2023 年）。

ダール , R.A.（高畠通敏訳）『現代政治分析』（岩波書店、2012 年）。

テルパン , ファビアン「拡大欧州連合（EU）と強大なヨーロッパ展望」中村雅治・イーヴ・シュメイユ編著『EU と東アジアの地域共同体—理論・歴史・展望』（上智大学出版、2012 年）、101-121 頁。

Afionis, Stavros and Lindsay C. Stringer, "The Environment as a Strategic Priority in the European Union-Brazil Partnership: is the EU Behaving as a Normative Power or Soft Imperialist? " *International Environmental Agreements*, Vol. 14, Issue 1, 2014, pp.47-64.

Bäckstrand, Karin and Ole Elgström, "The EU's Role in Climate Change Negotiations: from Leader to 'Leadiator,'" *Journal of European Public Policy*, Vol. 20, No. 10, 2013, pp.1369-1386.

Barnes, Pamela M., "The Role of the Commission of the European Union: Creating External Coherence from Internal Diversity," in Wurzel, Rüdiger K.W. and James Connelly, eds., *The European Union as a Leader in International Climate Change Politics*, (London and New York: Routledge, 2011), pp.41-57.

Belis, David, Simon Schunz, Tao Wang and Dhanasree Jayaram, "Climate Diplomacy and the Rise of 'Multiple Bilateralism' between China, India and the EU," *Carbon & Climate Law Review*, Vol. 12, No. 2, 2018, pp.85-97.

Berends, Gijs, "Food Fights or a Recipe for Cooperation? EU-Japan Relations and the Development of Norms in Food Safety Policy," Bacon, Paul, Hartmut Meyer, and Hidetoshi Nakamura, eds., *The European Union and Japan: A New Chapter in Civilian Power Cooperation?* (Surrey: Ashgate, 2015), pp.115-130.

Conley, Heather, Sarah Ladislaw and Anne Hudson, "The UE-EU Energy Relationship," in Godzimirski, Jakub M., ed., *EU Leadership in Energy and Environmental Governance: Global and Local Challenges and Responses* (London: Palgrave Macmillan, 2016), pp.159-180.

Costa, Oriol, "Spanish, EU and International Climate Change Policies: Download, Catch up, and Curb Down," in Wurzel, Rüdiger K.W. and James Connelly, eds., *The European Union as a Leader in International Climate Change Politics* (London and New York: Routledge, 2011), pp.179-194.

Creutzig, Felix, Marcus Hedahl, James Rydge and Kacper Szulecki, "Challenging the European Climate Debate: Can Universal Climate Justice and Economic be Reconciled with Particularistic Politics? " *Global Policy*, Vol. 5, Supplement s1, 2014, pp.6-14.

Damro, Chad, "Market Power Europe," *Journal of European Public Policy*, Vol. 19, No. 5, 2012, pp.682-699.

Delbeke, Jos, Artur Runge-Metzger, Yvon Slingenberg and Jake Werksman, "The Paris Agreement," Delbeke, Jos and Peter Vis, eds, *Towards a Climate-Neutral Europe: Curbing the Trend* (London and New York: Routledge, 2019), pp.24-45.

Dormido, Leonor, Isabel Garrido, Pilar L'Hotellerie-Fallois and Javier Santillán, "Climate Change and Sustainable Growth: International Initiatives and European Policies," *Banco de España Eurosistema*, Documentos Ocasionales, No.2213, 2022.

Dupont, Claire, "The EU's Collective Securitisation of Climate Change," *West European Politics*, Vol. 42, No. 2, 2019, pp.369-390.

Dupont, Claire and Brendan Moore, "Brexit and the EU in Global Climate Governance," *Politics and Governance*, Vol. 7, No. 3, 2019, pp.51-61.

Fitch-Roy, Oscar and Jenny Fairbrass, *Negotiating the EU's 2030 Climate and Energy Framework: Agendas, Ideas and European Interest Groups* (Cham: Palgrave Macmillan, 2018).

Gaens, Bart and Henri Vogt, "Sympathy or Self-Interest? The Development Agendas of the European Union and Japan in the 2000s," Bacon, Paul, Hartmut Meyer, and Hidetoshi Nakamura, eds., *The European Union and Japan: A New Chapter in Civilian Power Cooperation?* (Surrey: Ashgate, 2015), pp.151-168.

Goldthau, Andreas and Nick Sitter, "Regulatory or Market Power Europe? EU Leadership Models for International Energy Governance," Godzimirski, Jakub M., ed., *New Political Economy of En-*

ergy in Europe: Power to Project, Power to Adapt (London: Palgrave Macmillan, 2019), pp.27-47.

Groen, Lisanne and Arne Niemann, "The European Union at the Copenhagen Climate Negotiations: A Case of Contested EU Actorness and Effectiveness," *International Relations*, Vol. 27, No. 3, 2013, pp.308-324.

Howorth, Jolyon, "The EU as a Global Actor: Grand Strategy for a Global Grand Bargain? " *Journal of Common Market Studies*, Vol. 48, No. 3, 2010, pp.455-474.

Liefferink, Duncan and Rüdiger K.W. Wurzel, "Environmental Leaders and Pioneers: Agents of Change? " *Journal of European Public Policy*, Vol. 24, No. 7, 2017, pp.951-968.

Manners, Ian, "Normative Power Europe: A Contradiction in Terms? " *Journal of Common Market Studies*, Vol. 40, No. 2, 2002, pp.235-258.

Oberthür, Sebastian, "The European Union's Performance in the International Climate Change Regime," *Journal of European Integration*, Vol. 33, No. 6, 2011, pp.667-682.

Oberthür, Sebastian and Claire Dupont, "The European Union's International Climate Leadership: towards a Grand Climate Strategy? " *Journal of European Public Policy*, Vol. 28, No. 7, 2021, pp.1095-1114.

Oberthür, Sebastian and Lisanne Groen, "Explaining Goal Achievement in International Negotiations: the EU and the Paris Agreement on Climate Change," *Journal of European Public Policy*, Vol. 25, No. 5, 2018, pp.708-727.

Oberthür, Sebastian and Claire Dupont, "The Council, the European Council and International Climate Policy: From Symbolic Leadership to Leadership by Example," in Wurzel, Rüdiger K.W. and James Connelly, eds., *The European Union as a Leader in International Climate Change Politics* (London and New York: Routledge, 2011), pp.74-91.

Ohta, Hiroshi and Yves Tiberghien, "Saving the Kyoto Protocol: What Can We Learn from the Experience of Japan-EU Cooperation? " Bacon, Paul, Hartmut Meyer and Hidetoshi Nakamura, eds., *The European Union and Japan: A New Chapter in Civilian Power Cooperation?* (Surrey: Ashgate, 2015), pp.169-184.

Parker, Charles F., Christer Karlsson and Mattias Hjerpe, "Assessing the European Union's Global Climate Change Leadership: from Copenhagen to the Paris Agreement," *Journal of European Integration*, Vol. 39, No. 2, 2017, pp.239-252.

Roeben, Volker, *Towards a European Energy Union: European Energy Strategy in International Law* (Cambridge: Cambridge University Press, 2018).

Schreurs, Miranda A. and Yves Tiberghien, "Multi-Level Reinforcement: Explaining European Union Leadership in Climate Change Mitigation," *Global Environmental Politics*, Vol. 7, No. 4, 2007, pp.19-46.

Toje, Asle, "The European Union as a Small Power," *Journal of Common Market Studies*, Vol. 49, No. 1, 2011, pp.43-60.

van Ierland, Tom and Stefaan Vergote, "How Economic Analysis Shaped EU 2020 and 2030 Target Setting," Delbeke, Jos and Peter Vis, eds., *Towards a Climate-Neutral Europe: Curbing the Trend* (London and New York: Routledge, 2019), pp.46-65.

van Schaik, Louise and Simon Schunz, "Explaining EU Activism and Impact in Global Climate Politics: Is the Union a Norm- or Interest-Driven Actor? " *Journal of Common Market Studies*, Vol. 50, No. 1, 2012, pp.169-186.

von Homeyer, Ingmar, Sebastian Oberthür and Andrew J. Jordan, "EU Climate and Energy Governance in Times of Crisis: towards a New Agenda," *Journal of European Public Policy*, Vol. 28, No. 7, 2021, pp.959-979.

Wood, Steve, "The European Union: A Normative or Normal Power? " *European Foreign Affairs Review*, Vol. 14, 2009, pp.113-128.

Wurzel, Rüdiger K.W., Duncan Liefferink and Diarmuid Torney, "Pioneers, Leaders and Followers in Multilevel and Polycentric Climate Governance," *Environmental Politics*, Vol. 28, No. 1, 2019, pp.1-21.

Wurzel, Rüdiger K.W. and James Connelly, "Introduction: European Union Political Leadership in International Climate Change Politics," in Wurzel, Rüdiger K.W. and James Connelly, eds., *The European Union as a Leader in International Climate Change Politics* (London and New York: Routledge, 2011), pp.3-20.

【注】

（1） 遠藤（2016）の用語法に従う。

（2） これについては Damro（2012）による Market Power Europe（MPE）の議論に詳しい。

（3） これについては河越（2023）が詳しい。

（4） van Schaik and Schunz（2012, 173-174）の議論を参照。

（5） なお、意図的ではなく他者に模範を示す結果となることについては「模範的パイオニア（Exemplary Pioneer）」と呼ぶ（Wurzel et al. 2019, 11）。

（6） 1992 年は EU 環境政策における重要な転換点である。環境ガバナンスの考え方を導入した第五次環境行動計画が導入され、気候変動は 7 つの優先事項の 1 つを構成した。

（7） Parker et al.（2017, 240）。なおこれにより、気候変動、経済競争力およびエネルギー安全保障の鼎立が果たせるという意味で、これを「win-win-win 戦略」と呼ぶ（Conley et al. 2016, 170）。

（8） 市川（2015）参照。

（9） van Ierland and Vergote（2019, 55）参照。

（10） 市川（2023）参照。

（市川顕　東洋大学国際学部教授）

分極化するアメリカにおける脱炭素化とグローバル気候ガバナンス

小尾　美千代

はじめに

　2023 年は 1850 年以降で最も暖かい年となった。EU（欧州連合）の気象情報機関である
コペルニクス気候変動サービス（Copernicus Climate Change Service: C3S）によると、2023
年の世界平均気温は 14.98℃で、産業革命前（1850～1900 年）より 1.48℃高くなった[（1）]。国
際的な気候変動対策は、1992 年に採択された国連気候変動枠組み条約（UNFCCC）の締約
国が 2015 年に合意したパリ協定を中心に、産業革命以降の平均気温上昇を 1.5℃までに抑
える目標（1.5℃目標）に向けて進められている。各国はパリ協定に基づいて、二酸化炭素
（CO_2）などの温室効果ガス（Greenhouse Gas: GHG）の排出削減目標（Nationally Deter-
mined Contribution: NDC）を設定しているが、NDC が達成されたとしても、今世紀末まで
に 2.5℃上昇する可能性が高いと予測されている[（2）]。そのため、各国に対して気候変動に対
する「野心的な（ambitious）」取り組みが求められている。現在のアメリカの GHG 排出量
は中国に次いで世界 2 位であるが、2022 年までの累積排出量は 4269 億トンと世界最大で
あり、環境問題をめぐる先進国と途上国との間の「共通だが差異ある責任」の点でも、野
心的な脱炭素化を推進していく上で、アメリカが果たす役割は非常に大きい[（3）]。

　アメリカでは 2021 年に民主党のバイデン（J. Biden）大統領が就任して以降、前任のト
ランプ（D. Trump）政権期に離脱したパリ協定への復帰を始め、積極的な気候変動対策が
推進されている。2030 年までに 50～52％（2005 年比）との NDC に加えて、2035 年まで
に 100％カーボンフリー電力とすることや、2050 年までに GHG 排出を実質ゼロにするカー
ボンニュートラル実現を表明している。これまでに気候変動対策を主な目的とする、超党
派のインフラ投資法（Infrastructure Investment and Jobs Act）とインフレ抑制法（Inflation
Reduction Act: IRA）が成立したことで、クリーンエネルギー分野への投資が拡大している。

　その一方で、保守派とリベラル派の対立を軸とする政治的分極化は気候変動政策にも波
及しており、保守派を中心とする共和党は脱炭素化への批判を強めている。近年では、環
境（Environment）・社会（Social）・企業統治（Governance）の 3 要素を重視する ESG 投
資が「文化戦争の震源地」[（4）]となり、連邦政府だけではなく州政府レベルでも「イデオロギー
論争」[（5）]の対象となり、共和党が強い多くの州で ESG 投資を規制する法案が相次いで提出さ
れている[（6）]。

　その一方で、脱炭素化の中心的な対応策である再生可能エネルギー（Renewable Energy:
RE）の導入量は増加している[（7）]。風力、太陽光、水力などの RE による 2022 年の発電割合
は 21.5％で、原子力発電（18.2％）と石炭火力発電（19.5％）を上回っており、今後も増
加が予想されている[（8）]。RE は積極的な環境政策の一環として導入されるイメージが強いも

のの、アメリカでは、一般的に気候変動対策に消極的な共和党が強い州で RE が多く導入されていることもままある。知事と上下両院を共和党が占めているテキサス州は、2022 年には全米風力発電（発電所規模）の 26％を占めて 17 年連続で 1 位であり、太陽光発電でも 16％とカリフォルニア州に次いで 2 位となっている(9)。しかし、アボット（G. Abbott）知事は RE には批判的であり、2021 年冬の寒波による停電で 240 人以上が死亡した際には、風力発電や太陽光発電の停止が原因との誤った見解を述べている(10)。調査結果によると、ほとんどの停電は冬季には使用されない火力発電所で発生したものであったが、このように RE に批判的な知事の州であっても、なぜ RE 導入量は多いのであろうか。

　また、IRA は超党派とはいえ民主党が中心となって成立した法案であるが、これまでのところ資金の 70％以上が、2020 年大統領選挙でトランプが勝利した州や共和党が議会を支配する州に投資されている(11)。さらに、バイデン政権は、経済安全保障の観点から電気自動車（EV）用のバッテリーや重要鉱物、先端半導体などの重要物質を中心に中国への依存度を低下させるデリスキング（de-risking）を進めているが、2022 年のロシアによるウクライナ侵攻をきっかけとして、エネルギー安全保障への関心も高まっている。今では世界最大の産油国となったアメリカであるが、こうした情勢の中で脱炭素化はどのように展開しているのであろうか。また、それはグローバルな気候ガバナンスにどのような影響をもたらすのであろうか。

　気候変動対策に関しては、政治問題化（政治対立・政治化）という政治的要素をめぐって対照的な見解がある(12)。1 つは、脱炭素化の実現には時間がかかることから、その時々の政治的対立の影響を受けないように気候変動政策・制度設計における安定性を確保し、脱炭素化を不可逆的なものにすることを重視する見方である。ストークス（L. Stokes）とブリーツ（H. Breetz）はアメリカで RE を推進する税額控除などの制度が導入されると、それが期限付きの制度であっても結局は漸進的に維持されてきたことを明らかにしている(13)。また、これまでの研究で、気候変動が政治問題として位置付けられることで、脱炭素化政策の実現が困難になることも明らかにされている(14)。

　このような政治的対立の回避による安定性確保を重視する見解に対して、地球温暖化に歯止めがかからない現状を背景として、野心的な気候変動政策の制定を長期にわたって妨げてきたアクターに対抗するためには、政治的対立（政治化）は必要不可欠との見解もある。気候変動政策の安定性を追求したとしても、抵抗勢力によって脱炭素化への移行が妨げられるため、政治的対立は脱炭素化にとって不可避であり、抵抗勢力を弱体化させる上では望ましいものとされる。

　これら 2 つの見解は必ずしも相互に排他的ではなく、脱炭素化の推進にとってはいずれも重要な要素であると言えよう。政治と市場の相互関係に注目する国際政治経済学の観点からは、長期的展望に立った安定性のある政策・制度と、既得権益勢力に挑戦する政治的プロセスがどのように相互作用するのか、さらには、こうした相互作用はどのような条件下で革新的な気候変動対策を可能にするのか、という点が注目されている。

　こうした問題意識をふまえて、本稿では、政治的分極化が先鋭化しているアメリカにおける脱炭素化について、RE 導入の 2 つの側面、すなわち脱炭素化を目的とした気候変動対策と、地元の安価なエネルギー資源の利用というエネルギー政策としての側面に注目しつつ、保守派による反 ESG 投資キャンペーンと IRA 成立以降のクリーンエネルギー市場の変化を中心に、州レベルでの取り組みに焦点を当てて分析していく。

1.　グローバルな気候ガバナンスとアメリカ

　UNFCCC やパリ協定を中心とするグローバルな気候ガバナンスの特徴は、国家だけではなく、地方自治体やグローバル企業、非政府組織（NGO）など多様なアクターが 2050 年までのカーボンニュートラル実現を目的とするイニシアティブに参加する、多層的なガバナンスが展開されている点にある。こうした中でアメリカは、UNFCCC の制定過程から現在に至るまで、協調的な民主党政権と非協調的かつ批判的な共和党政権との間で、対照的な政策を展開してきた。

　1989 年に発足した共和党のジョージ・W・H・ブッシュ（George W. H. Bush）政権は、当初は積極的な環境政策を推進したものの、政権後半に地球温暖化の懐疑派 4 人がホワイトハウスの要職に就いたことで、UNFCCC の条文をめぐって具体的な GHG 排出削減目標の設定に強く反対するなど、環境政策は大きく転換した。それでも UNFCCC への加盟は実現したものの、民主党のクリントン（B. Clinton）政権期の 1995 年に共和党が 40 年ぶりに連邦議会上下両院で与党になったことで、気候変動を含めた環境政策をめぐる党派対立が見られるようになっていった。

　1997 年の UNFCCC 第 3 回締約国会議（COP3）で採択された京都議定書については、ゴア（A. Gore）副大統領が署名したものの、2001 年に就任した共和党のジョージ・W・ブッシュ（George W. Bush）大統領は離脱を発表した。COP3 開催前の 7 月には、上院で、アメリカ経済に悪影響があるような国際制度や、途上国の GHG 排出削減が義務化されていない国際制度には署名すべきではない、とのバード・ヘーゲル決議（Byrd-Hagel Resolution）が全会一致で採択されており、京都議定書が批准される見通しがなかったことも大きな要因であった。経済優先の姿勢はブッシュ政権でも一貫しており、ブッシュ大統領は 2006 年 1 月の所信表明演説で「アメリカは石油中毒だ」と述べ、2025 年までに中東から輸入される石油の 75％を代替エネルギーに転換するとの目標を表明したものの、安価な外国産石油の比率が低下することはなかった。GHG 排出量そのものが削減対象となることもなく、GHG 排出については、京都議定書の代替策として設置した地球気候変動イニシアティブ（Global Climate Change Initiative）において、経済活動（国内総生産）を単位とする GHG 排出量を示す原単位（Greenhouse gas intensity: GGI）の概念を提示し、2012 年までの 10 年間で GGI の 18％削減を目標としたにとどまった。

　また、グローバルなガバナンスの方法に関してブッシュ大統領は、約 200 カ国が参加す

る UNFCCC を中心とする多国間主義（multilateralism）ではなく、比較的少数の国が主導する複数国主義（plurilateralism）を指向し、GHG 排出量上位 15 カ国を中心とする「エネルギー安全保障と気候変動に関する主要経済国会議（Major Economies Meeting on Energy Security and Climate Change: MEM）」を 2007 年に開催した。MEM は、民主党のオバマ（B. Obama）政権において、「エネルギーと気候に関する主要経済国フォーラム（Major Economies Forum on Energy and Climate: MEF）」として実質的に引き継がれた。その後、共和党のトランプ政権期には同様の活動はなく、2021 年に就任した民主党のバイデン大統領が 4 月のアースデイ（地球の日）に合わせて 40 カ国の首脳によるリーダーズ気候サミット（Leaders Summit on Climate）を開催している。

　2015 年には UNFCCC の COP21 においてパリ協定が採択された。パリ協定は、2016 年 9 月にオバマ大統領が中国の習近平国家主席と同時に批准を発表したことで、予想よりも早く、11 月に発効した。しかしながら、2017 年に就任したトランプ大統領はパリ協定からの離脱を表明し、条約上の規程により 2020 年 11 月に正式に離脱した。パリ協定への復帰を大統領選挙期間中から主張していたバイデン大統領は、2021 年 1 月 20 日の就任当日に復帰を指示する大統領令に署名し、アメリカは 2 月 19 日に復帰した。

　このように、アメリカではグローバルな気候ガバナンスに対して、政権交代に伴って国際制度への参加や離脱を繰り返してきた。民主党政権では多国間主義に加えて複数国主義の枠組みも利用して GHG 排出量を推進する政策が展開されてきたのに対して、経済重視の立場から GHG 排出削減に消極的であった共和党政権では、多国間主義を軽視する傾向が次第に強くなり、トランプ政権では「気候変動政策」そのものが取られなくなり、党派対立が先鋭化していった。

2.　アメリカ国内における RE 導入の 2 つの理由

（1）　州による RE の導入状況

　連邦政府レベルでは気候変動政策の安定性が欠如しているにもかかわらず、アメリカの RE 導入量は世界的に見ても多い。風力発電量は、中国に追い越された 2016 年までは世界 1 位、それ以降も世界 2 位で、2022 年の発電量は 434TWh（中国は 763TWh）と EU27 カ国の合計を上回っており、10 年前から 3 倍以上増加している。また、太陽光発電についても、2022 年の発電量は中国（428TWh）に次いで世界 2 位（205TWh）となっている。

　2005 年以降の RE 発電量をまとめた表 1 に示されているように、特に 2010 年代後半から太陽光と風力による発電量が大幅に増加してきている。また、2022 年 8 月に、10 年間で 3690 億ドルという大規模な気候変動対策を定めた IRA が成立したことで、RE を始めとするクリーンエネルギー関連分野での新規投資が急増しており、特に太陽光発電の増加が予想されている。

　アメリカの RE 導入を州ごとに見ると、共和党が強い州でも導入量が多いことがわかる。

表1　アメリカの再生可能エネルギー発電量の推移（単位：GWh）[30]

年	従来型水力	バイオマス	地熱	大規模太陽光	風力	合計
2005	270,321	54,277	14,692	550	17,811	357,651
2006	289,246	54,861	14,568	508	26,589	385,772
2007	247,510	55,539	14,637	612	34,450	352,748
2008	254,831	55,034	14,840	864	55,363	380,932
2009	273,445	54,493	15,009	891	73,886	417,724
2010	260,203	56,089	15,219	1,212	94,652	427,375
2011	319,355	56,671	15,316	1,818	120,177	513,337
2012	276,240	57,622	15,562	4,327	140,822	494,573
2013	268,565	60,858	15,775	9,036	167,840	522,074
2014	259,367	63,989	15,877	17,691	181,655	538,579
2015	249,080	63,632	15,918	24,893	190,719	544,242
2016	267,812	62,760	15,826	36,054	226,993	609,445
2017	300,333	62,733	15,927	53,287	254,303	686,583
2018	292,524	61,832	15,967	63,825	272,667	706,815
2019	287,874	57,507	15,473	71,937	295,882	728,673
2020	285,274	54,712	15,890	89,199	337,938	783,013
2021	251,585	54,252	15,975	115,258	378,197	815,267
2022	254,789	51,847	16,087	143,797	434,297	900,817

（出所）　U.S. Energy Information Administration, *Monthly Energy Review*, March 2023, p.131 より筆者作成。

　業界団体のアメリカ・クリーン電力協会（American Clean Power）による年次報告書（2022 Annual Market Report）によると、2022 年の RE による発電容量（発電所規模）は、テキサス州（54.5GW）、カリフォルニア州（28.6GW）、オクラホマ州（13.1GW）の 3 つの州だけで全米の 60％を占めており、テキサス州とオクラホマ州は共和党が、カリフォルニア州は民主党が強い州として知られている。テキサス州の導入量は 2 位のカリフォルニア州の約 2 倍もあり、発電容量の大きさがうかがえる[31]。

　風力発電は、風力開発に適した風力資源が豊富なテキサス州（40.2GW）、アイオワ州（12.8GW）、オクラホマ州（12.2GW）、カンザス州（8.2GW）の上位 4 州だけでアメリカ全体の 50％以上の設備容量を占めているが、いずれも共和党が強い州である。太陽光については、民主党が強く、積極的な環境政策を導入してきたカリフォルニア州で最も導入量が多く、2022 年には 17.6GW であったが、近年はテキサス州（12.3GW: 2 位）やフロリダ州（6.2GW: 3 位）という共和党が強い 2 つの州で導入量が増加している。テキサス州では 2019 年以降、太陽光発電量が増加しており、今後数年でカリフォルニア州を上回ると予想されている他、フロリダ州は 2022 年の 1 年間に新規の太陽光発電量が 1GW を超えた唯一の州

となった。なお、2022 年にはテキサスやカリフォルニアを含めた 18 の州で、RE の新規導入量がこれまでで最も多くなっている。[32]

　他方で、テキサス州は石油や天然ガスの生産量も多いため、CO_2 排出量は 6 億 6350 万トンでこちらも全米 1 位となっている。2 位のカリフォルニア州（3 億 2400 万トン）と比べると 2 倍以上多く、アメリカ全体の 13.5％を占めている。[33]

(2)　RE 導入の 2 つの側面—気候変動政策とエネルギー資源の活用

　これまで見てきたように、州ごとの RE 導入状況には必ずしも党派性が反映されているわけではない。アメリカにおいて RE は、脱炭素化社会への転換を目的とした気候変動対策としてだけではなく、石油の輸入依存度が問題視される中で、地元の安価なエネルギー資源の活用というエネルギー政策として導入が推進されてきた。テキサスやフロリダなどの共和党が強く、気候変動対策や脱炭素化には消極的な州においても RE 導入が増加しているのは、こうした理由によるところが大きい。[34]

　総発電量に占める風力発電の割合が 62％（2022 年）と最も多いアイオワ州は、電力会社に RE による発電を一定以上の割合となるよう義務付ける、Renewables Portfolio Standard（RPS）制度を 1983 年に国内で初めて導入している。[35] また、テキサス州も、より競争的な電力市場を目指して 1999 年に RPS を導入し、2025 年までに 10GW の RE による発電を義務付けたことで風力発電を中心に導入量が増加した。[36]

　その一方で、当然ながら、近年の RE 導入増加はこうした経済的理由によるものだけではなく、気候変動対策としての脱炭素化の取り組みによるところも大きい。そのきっかけとなった出来事がトランプ政権によるパリ協定からの離脱であり、そうした連邦政府の政策に対する反作用として、脱炭素化推進を目的とする様々なイニシアティブがアメリカ国内で形成され、積極的な活動が展開されてきた。[37] トランプ大統領がパリ協定からの離脱を表明した 2017 年 6 月 1 日には、パリ協定に沿って気候変動対策を行う州知事による超党派のイニシアティブとして「アメリカ気候同盟（the U.S. Climate Alliance: USCA）」が結成された。USCA には、アメリカ経済の約 60％、人口の約 55％に相当する 23 州とグアム、プエルトリコの知事が参加している。このうち 16 州はカーボンニュートラルを目標として掲げており、そのうち 12 州では州法として制定されている。現在、USCA ではオバマ政権時の NDC である、2025 年までに 2005 年比 26％削減は達成見込みとなっている。[38]

　また、2050 年までに 100％クリーンエネルギーへの転換を目的とする、州エネルギー機関による超党派の連合体として、2002 年にクリーンエネルギー州連合（Clean Energy States Alliance）が設立され、現在の参加は 25 機関で、アメリカの電力販売（2020 年）の 44％を占めている。クリーンエネルギー転換の目標年については、ロードアイランド州が 2030 年に、ワシントン D.C. が 2032 年と比較的早い時期を設定しており、それ以外は 2040 年が 4 州、2045 年が 5 州、2050 年が 14 州となっている。[39]

　2017 年 6 月には、アメリカ気候同盟の結成に続いて、州知事、市長、ビジネスリーダー、

大学や研究機関の長などが、パリ協定に基づくアメリカの NDC を追求し、国際社会と気候変動対策に取り組むことを約束する“We Are Still In”が発表された。こうした取り組みを支援するために、前ニューヨーク市長のブルームバーグ（M. Bloomberg）とカリフォルニア州知事のブラウン（J. Brown）によって、GHG 排出削減の行動を集約、分析して紹介する“America's Pledge”も立ち上げられた。“We Are Still In”と“America's Pledge”は、2021 年 2 月にアメリカがパリ協定に正式に復帰した日に“America Is All In”として合併され、野心的な気候変動対策のための活動を展開している。

　さらに、国境を越えて活動しているグローバル企業を対象とした国際的なイニシアティブも形成されており、企業が事業で使用する電力を 100％RE で賄うことを目的とする RE100 には様々な分野の 426 企業が参加しているが、そのうちアメリカの企業は 98 を占めている。企業の中でも、市場に与える影響の大きさから特に注目されるのが機関投資家である[40]。脱炭素化に伴い化石燃料は投資回収が困難になる「座礁資産」となり、投資リスクが高くなるとの認識が広がる中で、2021 年には、2050 年までのカーボンニュートラル実現に取り組む銀行や保険会社など様々な金融部門によるイニシアティブの連合体として、「ネットゼロのためのグラスゴー金融同盟（The Glasgow Financial Alliance for Net Zero: GFANZ）」が発足している。

　金融市場での脱炭素化の取り組みが広がる中で、ヨーロッパを中心にアメリカやアジアでも増加傾向にあるのが ESG 投資である。グローバル持続可能投資連合（Global Sustainable Investment Alliance: GSIA）によると、2022 年の ESG 投資額は世界全体で 30 兆 3000 億ドル、投資総額に占める割合は 25％であった。アメリカでは 8 兆 4000 億ドルで投資総額に占める割合は 13％で、2020 年の 17 兆 810 億ドル（33％）からは 50％以上減少した。この背景として、グリーンウォッシュとも呼ばれる見せかけの環境対策への対抗策として世界的に ESG 投資要件の明確化などの規制が強化される中で、GSIA も ESG 投資の定義を厳格化したために時系列比較が難しくなったことが指摘されるが、それに加えて特にアメリカでは、保守派を中心とする強力な反 ESG 投資キャンペーンが展開されたことの影響が大きい[41]。

3.　「文化戦争」の対象となった ESG 投資

　2022 年 7 月に、共和党が与党となっている連邦議会下院で ESG 投資をテーマとする公聴会が相次いで開かれたり、ESG 投資を規制する法案が提出されたりするとともに、ESG 投資を“woke capitalism（意識高い系資本主義）”と称して強く批判する動きが共和党保守派を中心に広まった。その背景には、エクソンモービルやシェブロンなど大手石油会社による保守系団体や共和党保守派に対する多額の資金援助などの支援が指摘されている[42]。

　こうした反 ESG 投資キャンペーンは、連邦政府を対象とするものと、民間の金融機関を対象とするものの 2 つに大別される。まず、連邦政府レベルでは、企業年金資産の運用に

関する、1974 年従業員退職所得保障法（Employee Retirement Income Security Act of 1974: ERISA）をめぐって、資産運用会社が ESG を投資判断に含めることの是非が争点となり、民主党政権と共和党政権の間で対照的な政策が展開されてきた。長い間、法律の解釈を通じた政策変更がなされてきたが、トランプ政権が ESG の考慮を禁止する規則を制定して対応したため、バイデン政権は 2023 年 1 月にこの規則を修正した。しかし、この修正規則を無効化する決議が議会で採択されたため、バイデン大統領は 3 月に就任後初めてとなる拒否権を発動した。また、修正規則に対しては、テキサス州やユタ州など 25 州と石油掘削会社のリバティー・エナジー、さらには石油・ガス業界団体も加わり、執行を阻止するために 2 月に訴訟を提起したが、9 月にテキサス州の連邦地裁で訴えは却下され、原告側が控訴している[43]。さらに、州政府による反発として、アメリカの証券取引委員会（SEC）が提示した、上場企業を対象とした気候関連情報開示に関する規則案に対しても、2022 年 8 月に 21 州の検事総長（State Attorney General）が反対の書簡を送付している[44]。

こうした州政府による反 ESG 投資措置は、民間企業である機関投資家を対象としたボイコットや投資禁止措置などにも及んでいる。2021 年にはテキサス州で、州の公的年金の運用に関して、ESG の観点からエネルギー企業への投資を制限している金融機関の利用を禁止する法律（SB13）が成立し、対象となる 10 の金融機関リストと約 350 のファンドが公表された[45]。また、フロリダ州でも 2023 年 4 月に、州や自治体に ESG 関連債券の販売や ESG 基準の利用などを禁止する法案（H3/S302）が承認された[46]。これまでに 18 州で少なくとも 40 の反 ESG 法が制定されているが、その背景には、保守系団体のアメリカ立法交流評議会（American Legislative Exchange Council）やヘリテージ財団などの保守系団体が起草したモデル法案が活用されたと言われている[47]。

さらに、2022 年 8 月には 19 州の年金基金運営責任者でもある検事総長が、世界最大の機関投資会社であるブラックロック（BlackRock）に対して、ESG 投資による化石燃料への制限がエネルギー価格の上昇やインフレを誘発し、さらに、アメリカの国家安全保障を損なうパリ協定等の国際条約の遵守を企業に強制していると批判する共同声明を発表した[48]。これに対して、ブラックロックのフィンク（L. Fink）CEO（最高経営責任者）は反論し、世界 GDP の 90％以上を占める政府が脱炭素化の実現にコミットしているとして、気候変動リスクとエネルギー転換に前向きな投資家・企業が長期的に成果を上げるとして、顧客や従業員、地域社会、行政、環境などすべての関係者（ステークホルダー）に利益をもたらす「ステークホルダー資本主義」を支持していると主張した[49]。しかしながら、その後もフロリダ州がブラックロックから 20 億ドルを引き揚げたり、テネシー州検事総長が消費者保護法違反で提訴したりするなど、敵対的な政策が続いている[50]。こうした中でフィンク CEO は、ESG 投資は政治問題ではないにもかかわらず、保守派によって政治的に武器化されており、こうした議論に関わることは「恥ずべきこと」として、今後は ESG 投資という言葉を用いない意向を明らかにしている[51]。

さらに、2050 年までの脱炭素化を目標とする金融機関による国連のイニシアティブも攻

撃の対象となった。保険会社を対象とする Net-Zero Insurance Alliance（NZIA）の加盟企業に対しては、23 州の司法長官が、会員企業に対して GHG 排出削減目標の公表と達成を要求していることは消費者の保険料やコストを押し上げ、独占禁止法違反になりうると指摘した。その結果、主要な保険会社が NZIA から脱退することとなり、参加企業はピーク時の 30 社から 11 社に減少した。[52] また、資産運用会社を対象とした Net Zero Asset Managers initiative（NZAM）や機関投資家を対象とした Climate Action 100+ も攻撃対象となり、共和党の 21 州の検事団が 50 社以上の大手資産運用会社に対して、これらのイニシアティブへの参加について、「受託者の要件、消費者に対するサービスの表明、独占禁止法への準拠に疑問を投げ掛ける」と警告した。[53]

　ただし、こうしたイニシアティブから脱退した日本の大手損害保険会社 3 社や資産運用会社であるバンガード（Vanguard）などは、脱炭素化に向けた取り組みの方針に変更はないことを示しており、NZIA や NZAM からの脱退は必ずしも ESG 投資からの撤退を意味するものではない。[54] また、こうした反 ESG 投資キャンペーンに対しては、対抗する動きも見られるようになっている。カリフォルニア州とメイン州が、化石燃料産業などからの投資撤退（ダイベストメント）を義務付ける法律を成立させている他、イリノイ、コロラド、ミネソタ、メリーランドの 4 州が ESG 投資や気候変動関連リスクの情報開示を推奨する、ESG 推進の立場を表明している。[55] 2022 年 9 月には 13 州の財務長官が ESG 投資を支持する共同声明を発表している一方で、ニューヨーク、バーモント、ワシントンなど民主党が強い州では、ESG 要素は投資判断に必要不可欠であり、特段の推進法は不要とされている。[56] さらに、上記の SEC による気候変動対策の情報開示規則がまだ発効していない中で、カリフォルニア州は州内で事業を展開する大企業に対して、2026 年から排出量データの報告を義務付ける法律を可決している。[57]

　反 ESG 投資に対しては、それに伴うコストも注目されるようになっている。地方債の引き受け手を規制している共和党の州では民主党の州よりも金利が高くなっており、州の税負担が増加する可能性が指摘されている。[58] また、予想される損失額やコストの観点から、成立しなかった反 ESG 投資法案も少なくない。例えば、ワイオミング州では、州の最高投資責任者が大手資産運用会社からの撤退は 5 億ドル以上の損失になると警告したところ、共和党が支配する州議会に提出された 3 つの反 ESG 投資法案はすべて否決された。テキサス州では 2021 年に、自治体に対して石油・天然ガスや銃器企業との取引を制限する銀行との契約を禁止する法律（SB19）が制定されたため、地方債引き受け大手 5 社が撤退し、同法律施行後の 8 か月間で 318 億ドルの借入金に対する追加利息が 3 億から 5 億ドルになると推測された。同州では、今後 10 年間で 60 億ドルのコストが予測されたことで廃案になったものなど、2023 年に提出された 12 の反 ESG 法案のうち、署名されたのは 1 つのみであった。[59]

　さらに、2023 年 11 月に行われた世論調査では、共和党が中心となって連邦議会下院で行われた反 ESG 推進の取り組みが、共和党支持者の間でもあまり支持されていないことが

明らかとなっている。年金・退職基金管理者、投資家、一般市民に開示される企業情報の種類に議会が制限を課すことに対しては、全体では 56％が反対しており、そのうち 38％は「強く反対する」であった。支持政党別では、無党派層が 63％、民主党支持者が 58％、共和党支持者でも 52％が反対であった。逆に、賛成は全体の 30％であり、共和党支持者でも 34％にとどまった。こうした民意を反映するように、同じ時期にオクラホマ州では、退役軍人など退職した州職員が原告となり、2022 年に成立した、公的年金基金を含む州機関に石油・天然ガス産業をボイコットする企業との取引を禁じる州法（HB2034）は違憲であるとして提訴している。

このように、ESG 投資に対しては連邦レベルだけではなく州レベルにおいても共和党の保守派を中心として規制を強めているが、反 ESG 投資に伴う多額のコストや損失の可能性、さらには小さな政府とは対照的な政府による市場介入という方法に対しては、共和党支持者も含めて反対の意見も多く、反 ESG 投資法に対する訴訟などの動きも見られるようになっている。

4. 脱炭素化のインセンティブとしての IRA ―「バッテリーベルト」への注目

保守派による反 ESG 投資キャンペーンが展開された一方で、2022 年 8 月に超党派の法案として IRA（インフレ抑制法）が成立した。法律の名称に「気候変動」の文言は含まれていないものの、予算の 80％は EV、太陽光パネル、風力タービン、バッテリー（EV 用、発電用）などのクリーンエネルギー関連産業が対象となっており、アメリカ史上最大の気候変動対策と言われている。IRA の予算規模が大きいことに対しては共和党保守派が強く批判しているものの、これまでのところ 70％以上は共和党が強い州に投資されており、2030年までの投資額でも、民主党が強い州では 3540 億ドルであるのに対して、共和党が強い州では 6230 億ドルと予測されている。

IRA による投資が集中しているのが、中西部から南部にかけてのミシガン、インディアナ、オハイオ、ケンタッキー、テネシー、ジョージア、ノースカロライナ、サウスカロライナの 8 州を中心とする「バッテリーベルト」と呼ばれる地域である。このうち、インディアナ、オハイオ、テネシー、ジョージア、サウスカロライナの 5 州では知事・州議会ともに共和党が占めており、知事・州議会ともに民主党が占めているのはミシガン州のみである。ケンタッキーとノースカロライナは知事が民主党、議会が共和党と分裂している。2022年 8 月から翌年 8 月までに発表されたクリーンエネルギー関連製造業の投資額を見ると、ケンタッキー以外のバッテリーベルト 7 州が上位 3 位を含めた 10 位以内に入っている。1位がジョージア州で 182 億 5000 万ドル、2 位がサウスカロライナ州の 100 億 7000 万ドル、3 位がミシガン州の 81 億 3000 万ドル、となっているが、共和党が優位にあるジョージア、サウスカロライナの両州では 2023 年 12 月までの時点で反 ESG 投資法案は成立しておらず、ミシガン州も含めて特に立場を明確に示していない点が注目される。

　IRA による投資額が突出しているジョージア州は、税金の安さ、優秀な大学、労働力支援、労働組合率の低さなどをアピールし、雇用確保の観点からクリーンエネルギー製造施設を積極的に誘致している[64]。これまでに、2 つの大型バッテリー・プロジェクトを含めた 19 のバッテリー、EV、太陽光発電製造プロジェクトが決定しており、IRA 関連の新規投資の 5 分の 1 以上を獲得している[65]。ジョージア州では原油が産出されないため、EV 普及など脱炭素化に対する障壁が少ないことや、高速道路やアトランタ国際空港により輸送に便利な環境にあることも有利な条件となっている。

　バッテリーベルト以外でも、特に野心的な気候変動目標を持つわけでもない多くの州がクリーンエネルギー産業の投資を追求している。アラバマ、インディアナ、オハイオ、オクラホマ、テネシー、テキサス、ウェストバージニアの 7 つの州には少なくとも 10 億ドルが投資されているが、オハイオ以外の 6 州では反 ESG 投資法案が承認されている。その一方で、46 州が IRA の補助金獲得のために、アメリカの国別 GHG 削減目標である NDC に沿った GHG 排出削減計画を策定しており、このうち、テキサス、インディアナ、オハイオを含む 21 州ではすでに 2030 年の排出削減目標に貢献する政策が導入されている[66]。このように、IRA は州政府の政治的立場にかかわらず、多くの州に対してクリーンエネルギー関連産業の投資へのインセンティブを与えている。

おわりに

　アメリカでは、UNFCCC を中心とするグローバルな気候ガバナンスに対しては、政権政党によって大きく異なる政策が取られてきたものの、RE の導入は増加している。そのために大きな役割を果たしてきたのは州の政策であるが、2010 年代半ば頃までは気候変動対策というよりも、安価な自然エネルギーの活用という経済的な理由からの導入が推進されてきた。地球温暖化が進み、パリ協定を中心に野心的な脱炭素化が求められている中で、アメリカでも州政府や民間企業など様々なアクターが脱炭素化を実践するようになっている。しかしながら、政治的分極化が深刻化する中で、ESG 投資が保守派による攻撃対象となっている。保守とリベラルは価値をめぐって対立を深めていることから「文化戦争」とも言われており、妥協が困難な、価値をめぐる問題として脱炭素化が位置付けられることで、1.5℃目標の達成が阻害されることが危惧されている。

　こうした中で 2022 年夏に成立した IRA は、クリーンエネルギー関連産業の投資を促進することで、脱炭素化に伴う経済的な要素を拡大させた結果、実際に共和党が強い多くの州で投資が増加している。IRA は 10 年間の法律であり、長期的な産業支援の観点から、かつて見られたような実利的な理由による脱炭素化の進展が期待される。また、クリーンエネルギー産業の発展に伴い、化石燃料産業保護や反 ESG 投資などの政策に対しては、コスト面や「小さな政府」を志向する共和党の理念の面からも、支持を維持することは困難になっていくことも予想される。

　しかしながら、IRA によって共和党が強い州で多額の投資がなされ、雇用が増加しているにもかかわらず、連邦議会下院では共和党が IRA の税制優遇措置の撤廃などの制度を縮小させる様々な法案を提出しており、保守派の動きが沈静化しているわけではない。2024年 11 月に行われる大統領と連邦議会の選挙結果によっては、IRA の内容が大きく修正される可能性もあるが、この点については、有権者の意向も重要であり、IRA による投資がそれぞれの選挙区でどのように認識されるかが鍵になるものと思われる。

　2023 年 12 月にドバイで開催された UNFCCC の第 28 回締約国会議（COP28）では、世界全体で 2030 年までに RE 発電容量を 3 倍にし、エネルギー効率を 2 倍にすることなどが合意された。IRA による投資はこうしたグローバルな気候ガバナンスの方向性に沿ったものであり、世界的な RE 導入拡大にとっても、アメリカにおけるクリーンエネルギー産業の発展による影響は大きいと言える。1.5℃目標の達成には、脱炭素化を単に経済政策としてではなく、社会の優先目標として位置付けることが必要である。その点においても、脱炭素化が価値の問題を超えて広く市民に支持されるためには、クリーンエネルギー産業の発展が不可欠であり、アメリカ市場における今後の展開が注目される。

【付記】

　本研究は JSPS 科研費 JP18K01493、JP18KT0003 の助成を受けたものである。

【注】

（1）　C3S, "Copernicus: 2023 is the hottest year on record, with global temperatures close to the 1.5 ℃ limit," https://climate.copernicus.eu/copernicus-2023-hottest-year-record（2024 年 1 月 10 日アクセス）

（2）　United Nations Environment Programme, *Emissions Gap Report 2023: Broken Record -Temperatures hit new highs, yet world fails to cut emissions（again）*, https://wedocs.unep.org/bitstream/handle/20.500.11822/43922/EGR2023.pdf?sequence=3&isAllowed=y（2023 年 12 月 11 日アクセス）

（3）　Our World Date, "Cumulative CO_2 emissions," https://ourworldindata.org/grapher/cumulative-co-emissions（2024 年 1 月 10 日アクセス）

（4）　前嶋和弘「米国の政治・社会の分断と民主主義の課題」http://ssdpaki.la.coocan.jp/proposals/141.html（2023 年 12 月 9 日アクセス）

（5）　Leah Malone, Emily Holland, and Carolyn Houston, "ESG Battlegrounds: How the States Are Shaping the Regulatory Landscape in the U.S.," https://corpgov.law.harvard.edu/2023/03/11/esg-battlegrounds-how-the-states-are-shaping-the-regulatory-landscape-in-the-u-s/（2023 年 12 月 13 日アクセス）

（6）　Yuki Miyoda, "The Rise of ESG Investment and Its Controversial Reception in the United States: Implications for Global Governance," https://ggr.hias.hit-u.ac.jp/en/2023/09/27/the-rise-of-esg-investment-and-its-controversial-reception-in-the-united-states-implications-for-global-governance/（2023 年 12 月 9 日アクセス）

（7）　小尾美千代「アメリカにおける再生可能エネルギー市場の構築と気候をめぐるグローバル・

ガバナンス」『グローバル・ガバナンス』第 6 号、2020 年、13-32 頁。

（ 8 ）　The U.S. Energy Information Administration（EIA）, "Sources of U.S. electricity generation, 2022," https://www.eia.gov/energyexplained/electricity/（2023 年 12 月 30 日アクセス）

（ 9 ）　EIA, "Renewable generation surpassed coal and nuclear in the U.S. electric power sector in 2022," https://www.eia.gov/todayinenergy/detail.php?id=55960（2023 年 12 月 30 日アクセス）

（10）　PBS News Hour, "Texas goes green: How oil country became the renewable energy leader," https://www.pbs.org/newshour/show/texas-goes-green-how-oil-country-became-the-renewable-energy-leader（2023 年 12 月 10 日アクセス）

（11）　Inside Climate News, "With a New Speaker of the House, Billions in Climate and Energy Funding — Mostly to Red States — Hang in the Balance," https://insideclimatenews.org/news/09122023/speaker-of-the-house-mike-johnson-climate-energy-funding-red-states/（2023 年 12 月 11 日アクセス）

（12）　Matthew Paterson, Paul Tobin, and Stacy D. VanDeveer, "Climate Governance Antagonisms: Policy Stability and Repoliticization," *Global Environmental Politics*, Vol. 22, No. 2, 2022, pp. 1-11.

（13）　Leah Stokes and Hanna Breetz, "Politics in the U.S. Energy Transition: Case Studies of Solar, Wind, Biofuels and Electric Vehicles Policy," *Energy Policy*, Vol. 113, 2018, pp. 76-86.

（14）　Michael P. Vandenbergh and Jonathan M. Gilligan, *Beyond Politics: The Private Governance Response to Climate Change*（Cambridge: Cambridge University Press, 2017）；　John Weaver, "80% Renewables is Cake: Let the Extremists Argue over the Rest," https://pv-magazine-usa.com/2019/08/14/80-renewables-is-cake-let-the-extremists-argue-over-the-rest/（2019 年 10 月 5 日アクセス）

（15）　気候変動に関する多層的ガバナンスについては例えば以下の文献を参照されたい。Martin Jänicke, "The Multi-level System of Global Climate Governance: the Model and its Current State," *Environmental Policy and Governance*, Vol. 27, Issue 2, 2017, pp. 108-121.

（16）　アメリカの環境政策に関する記述は主に以下の文献を参照した。Norman J. Vig, Michael E. Kra and Barry G. Rabe, eds., *Environmental Policy: New Directions for the Twenty-First Century*, 11th ed.（California: Sage, 2021）.

（17）　大統領首席補佐官のスヌヌ（J. Sununu）、行政管理予算局長官のダーマン（R. Darman）、大統領科学顧問のブロムリー（D. A. Bromley）、大統領経済諮問委員会委員長のボスキン（M. Boskin）。

（18）　Congress.gov, "S.Res.98," https://www.congress.gov/bill/105th-congress/senate-resolution/98（2024 年 1 月 10 日アクセス）

（19）　The White House, "State of the Union: The Advanced Energy Initiative," https://georgewbush-whitehouse.archives.gov/news/releases/2006/01/20060131-6.html（2024 年 1 月 10 日アクセス）

（20）　Mike Allen, "The President's Peace Offering? " https://content.time.com/time/nation/article/0,8599,1154992,00.html（2024 年 1 月 10 日アクセス）

（21）　The White House, "Clean Energy and Climate Change," https://georgewbush-whitehouse.archives.gov/ceq/clean-energy.html（2024 年 1 月 10 日アクセス）

（22）　小尾美千代「気候変動問題に関する政策アイディアの共有と対立」『北九州市立大学外国語

学部紀要』第 121 号、2008 年、93-122 頁。

(23) Robert Falkner, Naghmeh Nasiritousi and Gunilla Reischl, "Climate Clubs: Politically Feasible and Desirable? " *Climate Policy*, Vol. 22, Issue 4, 2022, pp. 480-487.

(24) The White House, "Leaders Summit on Climate Summary of Proceedings," https://www. whitehouse.gov/briefing-room/statements-releases/2021/04/23/leaders-summit-on-climate-summary-of-proceedings/（2024 年 1 月 12 日アクセス）

(25) The U.S. Department of State, "The United States Officially Rejoins the Paris Agreement," https://www.state.gov/the-united-states-officially-rejoins-the-paris-agreement/（2024 年 1 月 8 日アクセス）

(26) テラワットアワー。

(27) Ember, "Wind," https://ember-climate.org/topics/wind/（2023 年 12 月 2 日アクセス）

(28) Ember, "Solar," https://ember-climate.org/topics/solar/（2023 年 12 月 2 日アクセス）

(29) EIA, "Annual Energy Outlook 2023," https://www.eia.gov/outlooks/aeo/narrative/index.php（2023 年 8 月 10 日アクセス）

(30) ギガワットアワー。

(31) American Clean Power Association, "2022 Annual Market Report," https://cleanpower.org/market-report-2022/（2023 年 12 月 30 日アクセス）

(32) Ibid.

(33) EIA, "Texas," https://www.eia.gov/beta/states/states/tx/analysis（2024 年 1 月 5 日アクセス）; EIA, "U.S. States," https://www.eia.gov/beta/states/rankings（2023 年 12 月 29 日アクセス）

(34) Stokes and Breetz, op. cit.

(35) EIA, "Iowa," https://www.eia.gov/beta/states/states/ia/analysis（2024 年 1 月 5 日アクセス）

(36) テキサス州では 2009 年に目標は達成されたものの、RPS は更新されていない。

(37) Eli Stokols, "How the climate movement learned to win in Washington," https://www.politico.com/news/2023/04/02/climate-politics-change-00088107（2023 年 7 月 21 日アクセス）

(38) U.S. Climate Alliance, "U.S. Climate Alliance Releases Annual Report, Finds Members on Track to Meet 2025 Emissions Reduction Goal," https://usclimatealliance.org/press-releases/2023-annual-report-dec-2023/（2024 年 1 月 8 日アクセス）

(39) Clean Energy States Alliance, "Map and Timelines of 100% Clean Energy States," https://www.cesa.org/projects/100-clean-energy-collaborative/guide/map-and-timelines-of-100-clean-energy-states/（2024 年 1 月 6 日アクセス）

(40) 小尾美千代「脱炭素社会の構築における機関投資家の役割」『アカデミア 社会科学編』第 23 号、2022 年、61-79 頁。

(41) Global Sustainable Investment Alliance, "Global Sustainable Investment Review 2022," https://www.gsi-alliance.org/wp-content/uploads/2023/12/GSIA-Report-2022.pdf（2024 年 1 月 6 日アクセス）

(42) Jessica Church, "The Big Money Behind the Fight to Ban Responsible Investing," https://inequality.org/research/big-money-behind-fight-to-ban-responsible-investing/（2023 年 12 月 29 日アクセス）; Emile Hallez, "Watch Out, Anti-ESG Groups — Here Comes Anti-anti ESG," https://www.investmentnews.com/esg/news/watch-out-anti-esg-groups-here-comes-anti-anti-esg-247243（2023 年 12 月 28 日アクセス）

(43)　Daniel Wiessner, "Republican-led US states appeal ruling allowing Biden ESG investing rule," https://www.reuters.com/legal/republican-led-us-states-appeal-ruling-allowing-biden-esg-in-vesting-rule-2023-10-26/（2023 年 11 月 23 日アクセス）

(44)　Miyoda, op. cit.; 労働政策研究・研修機構「企業年金資産の管理・運用と『ESG』をめぐる対立」https://www.jil.go.jp/foreign/jihou/2023/06/usa_02.html（2023 年 7 月 18 日アクセス）; Sustainable Japan「バイデン大統領、労働省 ESG 規則の不承認決議に拒否権。再び連邦議会審議へ」https://sustainablejapan.jp/2023/03/22/usa-anti-esg-act/88019（2023 年 7 月 18 日アクセス）

(45)　Texas Comptroller of Public Accounts, "Texas Comptroller Glenn Hegar Announces List of Financial Companies that Boycott Energy Companies," https://comptroller.texas.gov/about/me-dia-center/news/20220824-texas-comptroller-glenn-hegar-announces-list-of-financial-compa-nies-that-boycott-energy-companies-1661267815099（2023 年 12 月 27 日アクセス）

(46)　Economist Intelligence Unit（EIU）, "Anti-ESG Sentiment in the US Weakens ESG Markets," https://www.eiu.com/n/anti-esg-sentiment-in-the-us-weakens-esg-markets/（2023 年 12 月 27 日アクセス）

(47)　Simpson Thacher, "Seven Key Trends in ESG From 2023 ─ and What to Expect in 2024," December 14, 2023, https://www.stblaw.com/docs/default-source/Publications/esg-alert_12_14_23（2023 年 12 月 27 日アクセス）

(48)　Amy Resnick, "19 GOP Attorneys General Slam BlackRock Over ESG Investments," https://www.ai-cio.com/news/19-gop-attorneys-general-slam-blackrock-over-esg-investments/（2023 年 11 月 12 日アクセス）

(49)　New York Times, "BlackRock Takes on Red States to Defend Its Reputation Over E.S.G. In-vesting," https://www.nytimes.com/2022/09/08/business/dealbook/blackrock-texas-defend-rep-utation-esg-fight.html（2023 年 12 月 27 日アクセス）

(50)　EIU, op. cit.; Reuters, "Tennessee sues BlackRock citing 'misleading' ESG strategy," https://www.reuters.com/legal/tennessee-sues-blackrock-citing-misleading-esg-strategy-bloom-berg-news-2023-12-18/（2023 年 12 月 27 日アクセス）

(51)　AXIOS, "Larry Fink 'ashamed' to be part of ESG political debate," https://www.axios.com/2023/06/26/larry-fink-ashamed-esg-weaponized-desantis（2023 年 7 月 23 日アクセス）

(52)　UNEP Finance Initiative, "Members," https://www.unepfi.org/net-zero-insurance/members/（2024 年 1 月 10 日アクセス）

(53)　ESG ジャーナル「共和党検事団、資産運用会社に対し、ESG 投資は受託者および反トラスト法違反のリスクがあると警告」https://esgjournaljapan.com/world-news/27135（2023 年 12 月 27 日アクセス）

(54)　ブルームバーグ「国内損保大手 3 社が脱炭素の保険業界連盟を脱退─欧州でも相次ぐ」https://www.bloomberg.co.jp/news/articles/2023-05-30/RVG91AT0G1KW01（2023 年 7 月 23 日アクセス）；ロイター「米バンガード、運用業界の排出ゼロ化イニシアチブからの離脱発表」https://jp.reuters.com/article/idUSKBN2SS0AD/（2023 年 7 月 23 日アクセス）

(55)　TD Securities, "ESG Backlash in the U.S. Fixed Income Market," https://www.tdsecurities.com/ca/en/esg-backlash-in-us-market（2023 年 12 月 27 日アクセス）

(56)　Elizabeth Meager, "Mapped: The Polarisation of ESG in the US," https://capitalmonitor.ai/regions/america/mapped-the-polarisation-of-esg-in-the-us/（2023 年 10 月 28 日アクセス）

（57）　Hallez, op. cit.

（58）　EIU, op. cit.

（59）　Karin Rives, "Half of Anti-ESG Bills in Red States have Failed in 2023 as Campaign Pushes on," https://www.spglobal.com/marketintelligence/en/news-insights/latest-news-headlines/half-of-anti-esg-bills-in-red-states-have-failed-in-2023-as-campaign-pushes-on-76276575（2023 年 12 月 10 日アクセス）

（60）　Public Citizen, "New Poll: House GOP's Anti-ESG Push to Blindfold Investors Is Deeply Unpopular, Even Among Republicans," https://www.citizen.org/news/new-poll-house-gops-anti-esg-push-to-blindfold-investors-is-deeply-unpopular-even-among-republicans/（2023 年 12 月 27 日アクセス）; Daniel Garrett and Ivan T. Ivanov, "Gas, Guns, and Governments: Financial costs of anti-ESG policies," https://www.brookings.edu/articles/gas-guns-and-governments/（2023 年 12 月 27 日アクセス）

（61）　Amanda Albright, "Oklahoma Sued Over Anti-ESG Law Targeting BlackRock," https://www.bloomberg.com/news/articles/2023-11-21/oklahoma-sued-over-anti-esg-law-targeting-black-rock-jpmorgan（2023 年 12 月 10 日アクセス）

（62）　Saijel Kishan, Brian Eckhouse and Christopher Cannon, "Red States to Reap the Biggest Rewards from Biden's Climate Package," https://www.bloomberg.com/graphics/2023-red-states-will-reap-the-biggest-rewards-from-biden-s-climate-package/?sref=GBEdnt3o（2023 年 12 月 20 日アクセス）

（63）　Julian Spector, "The South is Building the Most Vibrant EV and Battery Hub in the US," https://www.canarymedia.com/articles/clean-energy-manufacturing/the-south-is-building-the-most-vibrant-ev-and-battery-hub-in-the-us（2023 年 12 月 20 日アクセス）; Ropes & Gray, "Navigating State Regulation of ESG,"（2024 年 1 月 5 日アクセス）https://www.ropesgray.com/en/sites/navigating-state-regulation-of-esg

（64）　Emily Jones, "Georgia Doesn't Want Climate Targets ― But It Does Want Green Jobs," https://www.wabe.org/georgia-doesnt-want-climate-targets-but-it-does-want-green-jobs/（2024 年 1 月 5 日アクセス）

（65）　Dan McCarthy and Maria V. Olano, "The US Climate Law is Fueling a Factory Frenzy. Here's the Latest Tally," https://www.canarymedia.com/articles/clean-energy-manufacturing/the-us-climate-law-is-fueling-a-factory-frenzy-heres-the-latest-tally（2024 年 1 月 2 日アクセス）; Maria V. Olano, "Charts: Which States will Benefit Most from the Inflation Reduction Act? " https://www.canarymedia.com/articles/clean-energy-manufacturing/charts-which-states-will-benefit-most-from-the-inflation-reduction-act（2024 年 1 月 2 日アクセス）

（66）　Adefunke Sonaike and Ashna Aggarwal, "Solar in Arizona, Hydrogen in Louisiana: Here's Where Each State Should Look for Quick Climate Solutions," https://rmi.org/solar-in-arizona-hydrogen-in-louisiana-heres-where-each-state-should-look-for-quick-climate-solutions/（2023 年 12 月 11 日アクセス）

（小尾美千代　南山大学総合政策学部教授）

日本の気候政策とエネルギー政策
—日本のエネルギー転換の政治—

太田　宏

はじめに

　2016 年にパリ協定が発効して以降、地球規模の気候変動問題に対する国際的な取り組みは加速している。国際社会の要請を受けて気候変動に関する政府間パネル（IPCC）は、2018 年に、産業革命以前の地球平均気温が 1.5℃上昇した世界の諸状況を初めてシミュレーションし、2030 年までに 2010 年を基準年として二酸化炭素（CO_2）に代表される温室効果ガス（GHG）の排出量を 45% 以上削減する必要があるとした（IPCC 2018）。また、今世紀末までの気温上昇を 1.5℃以下に抑えるためには、今後世界が排出できる GHG の炭素収支（carbon budget）、つまり、累積排出量（過去の排出量と今後の排出量）の上限からの残余排出可能量が問題になる。同 IPCC 特別報告では、66% 超の確率で気温の上昇を 1.5℃に抑えるために今後排出可能な GHG の量は、第 5 次報告書（AR5）における地球平均気温を用いて、約 420 Gt CO2e が残るのみであった（IPCC 2018, 27）。

　この報告を受け、主要排出国や欧州連合（EU）などの地域が大幅な GHG 削減目標を提唱し始めた。他方、パリ協定が掲げる 2℃（努力目標 1.5℃）以下に気温上昇を抑える目標達成のために、CO_2 の排出と森林による吸収や炭素回収貯留（CCS）技術の活用等によって、概ね 2050 年までにカーボンニュートラルの実現をめざす方向性が示されたことによって、再生可能エネルギー（以下、再エネ）開発や脱炭素社会形成のための経済社会活動が活発化した。世界の GHG 排出大国は、化石燃料を中心としたエネルギー構成から、風力、太陽光、バイオマス、水素などの再エネ中心のエネルギー転換を追求している。また、世界の年金基金等の機関投資家も石炭産業等から資金を引き揚げて再エネ産業や省エネ技術開発への投資を促進し、日本を含む石炭依存の大きな国に対して間接的な圧力をかけている。2020 年 9 月、欧州委員会委員長フォン・デア・ライエン（Ursula von der Leyen）は、EU 全体で 2030 年までに 1990 年の CO_2 排出量水準から 55% 削減すると表明する一方、中国の習近平国家主席は 2060 年までにカーボンニュートラルを目指すと宣言した。その 1 カ月後、菅義偉首相は、日本の 2050 年ネット・カーボンニュートラル目標を国会の所信表明演説で明言した。また、アメリカのジョー・バイデン（Joe Biden）大統領は、就任直後の 2021 年 4 月に、同年 11 月にスコットランドのグラスゴーで開催される国連気候変動枠組条約第 26 回締約国会議（COP26）に向けて、各国の GHG 削減目標（NDC）の強化を目的に、気候に関する首脳会議をオンライン形式で開催した。この 2 日間にわたるオンライン会議に 17 カ国の GHG 排出大国を含む 40 カ国の首脳が参加し、アメリカは 2030 年まで

に 2005 年比 50～52% の CO2 削減と 2050 年カーボンニュートラルの目標を掲げ、中国は 2030 年以前に CO2 排出のピークを目指すこと、インドは再エネの大幅導入（450 ギガワット（GW））を約束する一方、日本は 2013 年比 46% および努力目標として 50% 削減を約した（Ohta 2021, 26）。

　この日本の気候外交の動きを見る限り、日本も積極的に気候変動政策で世界をリードしているという印象だが、実際のところ、日本の気候政策は国際社会からの批判を受けることが多いばかりか、エネルギー政策は先進的なヨーロッパ諸国から遅れを取っている。本論では、最近の日本の気候外交とエネルギー政策を概観した後、なぜ、日本の気候外交は国際社会からの批判の対象になっているのか、その根幹をなすエネルギー政策のあり方や政治過程の分析視座から筆者なりの説明を試みる。

1.　日本政府の消極的な気候外交

　菅政権を引き継いだ岸田文雄政権は、COP26 から COP28 を通じて消極的な気候外交を展開するにとどまっている。その要因は次節以降に議論する化石燃料に依拠した複雑な技術・社会制度と日本のエネルギー政策の深層をなす既得権岩盤の存在であり、その象徴が日本の石炭火力発電依存とその東南アジアへの輸出政策に見られる。

　議長国のイギリスのリーダーシップのもと、COP26 で注目されたグラスゴー合意のひとつの焦点は、パリ協定の目標を達成するために 2030 年までに炭素回収貯留（CCS）等の排出削減対策（以下、削減措置）が取られていない石炭火力発電や化石燃料補助金の段階的廃止を求めたことであった。しかし、削減措置を伴わない石炭火力発電の「段階的廃止」の文言に関しては、中国やインドの反対で、最終合意文では、石炭火力発電の「段階的削減」の努力を加速させることを各国に求める（UNFCCC 2021; 気候ネット 2022）、というトーンダウンした内容になった。また、日本は、削減措置以外にもアンモニア・水素混焼による石炭火力発電の継続的導入が可能であると解釈し、これを東南アジアに拡大することを目指す政策は国際社会から批判され、気候変動問題の国際的 NGO のネットワークである Climate Action Network International（CAN）から、交渉や気候政策に後ろ向きの国に贈られる「本日の化石賞」を受賞した（CAN 2021; 気候ネット 2022）。

　エジプトのシャルム・エル・シェイクで 2022 年 11 月に開催された COP27 でも、前年のグラスゴー会議と同様に 1.5℃目標は堅持された。本会議では、特に脆弱な途上国支援の新たな資金面での措置を講じるために、「損失と損害」基金を設置することが決定され、その資金面での措置（基金を含む）の運用のための勧告を COP28 に行う移行委員会を設置することになった（環境省 2022）。また、日本政府が大いに関与しているパリ協定 6 条（市場メカニズム）の実施に関して、京都議定書下のクリーン開発メカニズム（CDM）のクレジットのパリ協定への移管や日本政府が実施する二国間クレジット（JCM）に関する詳細ルールが決まった（環境省 2022; 太田 2023, 159-160）。しかし、COP27 でも日本政府は環

境 NGO から批判を浴びた。2019〜2021 年の石油、天然ガス、石炭プロジェクトへの公的財政支援が世界で最も多くて 106 億米ドルに上り、アンモニア混焼の石炭火力発電の他国への売り込み努力を続けて 2030 年以降も石炭を焚き続けようとしていること、さらに、岸田首相はシャルムでの首脳会議を欠席したという理由で、日本に再び「本日の化石賞」が授与された（CAN 2022）。

　アラブ首長国連合（UAE）のドバイで 2023 年 11 月に開催された COP28 では、産油国の UAE のスルターン・アル・ジャーベル（Sultan Al Jaber）国務大臣兼アブダビ国営石油会社最高経営責任者が COP28 の議長を務めたので、開催前から利益相反があるのではないかと批判的に見る向きも多かった（Mishra 2023）。しかも、アル・ジャーベル議長が、11 月のオンラインイベントで「化石燃料の段階的廃止によって、気温上昇を 1.5℃に抑制するという科学やシナリオは存在しない」と主張した、とガーディアン紙（The Guardian 2023）が COP28 の会期中に報じたこともあって、議長に対する批判が高まり、合意形成が危ぶまれた（McElvoy et al. 2023; Meredith 2023）。それでも、最終的には 1 日会議を延長して合意に至った。ただ、気候変動対策を積極的に推し進める EU、島嶼国、そして環境 NGO が最終合意文書記入に求めた「化石燃料の段階的廃止」ではなく、「化石燃料からの脱却」を加速させるという表現に弱められた。それでも、化石燃料からの脱却に言及することや 2030 年までに再エネを現在の 3 倍に増やすことが合意文書に書き込まれたことは画期的であった（UAE Consensus 2023）。また、COP28 では前年からの課題であった「損失と損害」基金の設立が決定したこと(1)、各国の NDC の進捗状況の評価と検証を通した初の情報公開によって、2025 年までに対策の更新と強化を図るグローバル・ストックテイクが行われた（UNFCCC 2023）ことなど、一定の前進が見られた。しかし、国連環境計画（UNEP）の『排出量ギャップ報告』は、現在掲げられた政策をすべての国が実行しても、地球の平均気温は今世紀末には産業革命前から 2.5℃〜2.9℃上昇するとしている（UNEP 2023）。

　ところが、COP28 でも日本は、ニュージーランドとアメリカとともに、3 度化石賞を受賞している。CAN は、岸田首相の日本の「世界の脱炭素化への貢献」に関する声明に対して、「日本のグリーンウォッシュ戦術」だと批判し、将来に渡って火力発電を焚き続けることになる石炭と水素とアンモニアとの混焼はグリーンウォッシュ（見せかけだけの環境対策）の何物でもなく、日本のエネルギー政策の脱炭素化と化石燃料の段階的廃止の可能性を台無しにすると指摘している（CAN 2023）。その上、岸田首相が水素とアンモニアの混焼技術を使った石炭とガス発電所を稼働し続けるためにも、アジア・ゼロエミッション共同体（AZEC）イニシアティブを通して東南アジア諸国に混焼プラントを売り込んでいると CAN は批判し、アジア地域の再エネへの転換を遅らせ、ひいては再エネを 3 倍に増大させるという世界の目標達成へのハードルを高める化石燃料の固定化を推し進めることになると懸念を表明している（CAN 2023）。国際社会の批判の対象になっている日本の脱炭素戦略とはどのようなものなのだろうか。

2.　グリーン成長戦略からグリーン・トランスフォーメーション（GX）政策へ

(1)　グリーン成長戦略

　菅政権がグリーン成長戦略を掲げる頃までには、日本の国内外でより野心的な GHG 削減目標設定に対する機運が高まるとともに、企業や投資家の間にも脱炭素を求める動きが活発化していた。また、前述した 2020 年 9 月に表明された EU の欧州グリーンディールや中国の 2060 年カーボンニュートラル宣言が日本政府に与えた影響は大きい。それだけではなく、非国家主体の脱炭素への働きかけも日本政府の政策変更に少なからず影響を与えた。例えば、2018 年 7 月に、気候変動対策に積極的に取り組む企業や自治体、NGO などの情報発信や意見交換を強化するためのネットワークとして「気候変動イニシアティブ（JCI）」を 105 団体の参加で設立し、798 団体が参加登録をしている（2023 年 12 月現在）[2]。また、持続可能な脱炭素社会の実現を目指して 2009 年に発足した日本独自の日本気候リーダーズ・パートナーシップ（JCLP）も活動を活発化させていた[3]。これらの日本の企業らの対応は、世界の主要企業グループ 400 以上からなる「再エネ 100（RE 100）」、気候政策の妥当性を評価する「科学的根拠に基づく目標イニシアティブ（SBTi）」、企業等の気候変動リスクの情報開示を求める「気候関連財務情報開示タスクフォース（TCFD）」[4]や機関投資家らも参加する世界的な石炭関連産業からの投資の引き上げ（ダイベストメント）運動、ESG（環境・社会・ガバナンス）投資の広がりなど、日本の企業やそのサプライチェーンも世界的な動向を無視できなくなっていたことに由来する。特に、RE100 のように再エネによる生産・加工・流通を求める動きに対しては、再エネの電力比率の低い日本が不利であることから、政府に再エネ生産促進を求めるようになっていた。

　こうした国内外の状況を受けて、菅首相が 2020 年 10 月に 2050 ネット・カーボンニュートラル宣言を行う前から、経済産業省（以下、経産省）及び資源エネルギー庁も脱炭素化への挑戦を掲げ出した。第 5 次エネルギー基本計画（2018 年 7 月）では初めて再エネを主流化するとし、脱炭素に挑戦するという記述も現れた（資源エネルギー庁 2018）。翌年の同庁の「昨今のエネルギーを巡る動向とエネルギー転換・脱炭素化に向けた政策の進捗」（資源エネルギー庁 2019）においては、2050 年の GHG 排出削減目標が 2013 年レベルから 80% 削減であったが、今世紀後半の早期に脱炭素社会を形成することを目標とした。

　そして、菅首相の 2050 ネット・カーボンニュートラル発言を受け、グリーン成長戦略が作成される（経産省 2021a）。エネルギー関連産業、輸送・製造業関連産業、家庭・オフィス関連産業の 3 つの大枠の中に入る 14 分野で、今世紀半ばまでの脱炭素化を目指すというものである。その中でも電力部門に限ってその概要を見ると、再エネに関しては、洋上風力、太陽光、蓄電池、地熱産業を成長分野に指定するとともに、水素発電開発を最大限追求して水素産業とアンモニア産業の創出を目指すとし、CCS を伴った火力発電活用を前提としたカーボンリサイクル産業育成と原子力の再稼働と次世代炉開発を促進するこ

とになった（経産省 2021a）。これらの電力部門の 2030 年度の電源構成は、水素・アンモニアが 1%、再エネ 36〜38%、原子力 20〜22%、液化天然ガス 20%、石炭 19%、そして石油 2% 程度となっている（経産省 2021b）。また、2050 年の電源構成に関しては、再エネが 50〜60% を目標とし、2040 年までに洋上風力を 30〜45GW（30〜40 基の原子力発電に相当）に増大させることを目指し、原子力と CCS を伴う火力発電が 30〜40% 程度を占めることを想定した（経産省 2021a）。しかし、再エネの 2030 年目標ならびに 2050 年目標もともに EU やドイツの目標に比べると見劣りがする。また、2021 年イギリスで開催の G7 首脳会議以降、先進工業国では石炭火力発電の段階的廃止の方向に進んでいるのに対し、日本政府は消極的な姿勢である。

(2)　グリーン・トランスフォーメーション（GX）の概要と課題

　岸田政権の GX 政策の骨格は GX 基本方針とそれに政策的根拠を与える法律である。つまり、「GX 実現に向けた基本方針――今後 10 年を見据えたロードマップ（GX 基本方針）」（2023 年 2 月閣議決定）（経産省 2023）、「脱炭素成長型経済構造への円滑な移行の推進に関する法律（GX 推進法）」（2023 年 5 月成立）、そして「脱炭素社会の実現に向けた電気供給体制の確立を図るための電気事業法等の一部を改正する法律（GX 脱炭素電源法）」（2023 年 5 月成立）である。

　GX 基本方針によれば、再エネの主流化とエネルギー安全保障への取り組みを主眼としているが、第 6 次エネルギー基本計画に基づく対応ということで、日本政府の 2030 年を目標にしたエネルギー構成はグリーン成長戦略同様、原子力目標は 20〜22%、再エネ目標の更なる引き上げはなく 36〜38% である（経産省 2022）。これとは対照的にロシアのウクライナ侵略による世界的な化石燃料の価格高騰や供給不安に対して、エネルギーの安全保障の観点から、EU は "RePower EU" として再エネの 2030 年比率を 40% から 45% に引き上げる一方、ロシアの天然ガスの依存度が高かったドイツは同年の再エネ比率を 65% から 80% に引き上げている（European Commission 2022）。また、岸田政権の GX は、次世代革新炉の開発と建設の促進を掲げているが、2030 年代に商業炉完成予想なのでこの間の GHG 排出削減には間に合わない。さらに、GX 脱炭素電源法によって、定期点検期間等にかかる年数が原発稼働可能年から除外されることになり、60 年を超えて原発の稼働が可能となったが、これは次世代革新炉促進政策と矛盾する。民主党の菅政権時代から自民党の岸田政権の西村康稔経産相主宰の総合資源エネルギー調査会基本政策分科会まで委員として参加してきた橘川が指摘するように、「電力会社からすれば、既存原発の運転期間を延長できるのであれば、多額の投資をして革新炉を建設するインセンティブはない」（橘川 2023）ので、次世代革新炉促進策と原発運転期間延長は互いに相容れない政策である。ただ、炭素税と排出量取引制度（ETS）の導入は評価できるが、ETS の運用開始は 2028 年なので、これまた遅きに失する。

　なぜ、気候政策とそれを左右するエネルギー政策において、日本は EU のようなリーダー

シップを発揮できないのだろうか。この問いに関しては、すでに他の論文で議論してきたが（Ohta and Barrett 2023）、本論でも上述の気候外交とエネルギー政策の在り方を説明するために基本的な論点を以下に整理しておく。

3. カーボン・ロックイン

　各国は、化石燃料に依拠したエネルギー、製造、運輸産業からなる支配的な「技術及び制度的コンプレックス」（Techno-institutional complex: TIC）を通して発展している（Unruh 2000）。これらの複雑なシステムは経路依存を通して発展する。例えば、内燃機関エンジン車は、道路やガソリンスタンドなどの民間及び公共のインフラストラクチャーと、それらに関連する公共政策にも促されながら、共進化してきた。そして、これらの TIC は「体制の進化と持続性に大いに影響を与える継続的なインセンティブ構造」を創出する（Unruh 2000, 826）。ある TIC が多方面にわたって確立された結果として固定化（ロックイン）が起こり、新しい技術的な解決や新たな制度設計の出現を妨げる（Foster 1986; Lovins 1997; Unruh 2000）。ほとんどの国の経済が化石燃料によって駆動する「カーボン・ロックイン」に直面していて、脱炭素技術とそれを支える制度的枠組みの普及を遅らせている。しっかりと防御を固めた既存の TIC は、少しずつ技術革新を受け入れるのみである（Unruh 2002, 318-319）。例えば、現在のシステムの維持を意図した CCS 技術の導入である。しかし、確かに既得権益が経済の発展の阻害要因になるが、資本主義経済の駆動力である新しい消費財、新生産方式、新輸送手段、新市場、新産業組織形態が、既存の体制の内部から経済構造を変革する「創造的破壊」が起こりうることから、再エネ技術開発とその普及がカーボン・ロックイン状況を打破する可能性を指摘する論者もいる。[5]

　これらの議論に対して、気候変動と社会経済的な影響の顕在化という外在要因が既得権構造を動揺させるという議論がある。既存の TIC ではこの危機を乗り越えられないばかりか、そもそも化石燃料を基盤としていること自体が、気候危機の根本原因である。したがって、再エネ技術を促進する制度が体制の変革をもたらす可能性があるが、新たな技術とそれを支援する制度づくりには、緑の党が社民党と連立政権を組んだドイツの例のように、政治的な後押しが不可欠である（Meadowcroft 2009; Schreurs 2002）。こうした政治的な支援によって、カーボン・ロックインから「再エネ・ロックイン」への体制変換は、固定価格買い取り制度（FIT）等の再エネ導入促進政策の助けも得て、改革志向の政治的リーダー、環境保護アドボカシー・グループ、クリーン技術産業、地域の再エネ生産者の連合によって促進される（Aklin and Urpelainen 2018）。さらに、再エネ産業の拡大と再エネ生産コストの低下がカーボン・ロックインからの脱却に拍車をかけると言える。

4.　エネルギー安全保障言説と既得権政治

(1)　日本の TIC の文脈におけるエネルギー安全保障言説

　日本では既存の経済構造において支配的な位置を占める利益団体は「カーボン・ロックイン」に深くはまり込み、再エネ技術分野を含む新たな産業に動かされた構造的な経済変革に抵抗する（Moe 2010, 2012）。日本の TIC はエネルギー輸入依存からくる安全保障に対する懸念に深く組み込まれていて、中国とインドに次ぐ世界第 3 位の火力発電用石炭輸入国であるとともに、第 4 位の原油の輸入国でもある（IEA 2020; US EIA 2020）。日本においてエネルギー安全保障がエネルギー政策の要となった歴史的要因は 1970 年代の 2 度にわたる石油危機であり、エネルギーの効率化の促進とともに、石油への依存を軽減するために石炭と天然ガスの輸入増加というエネルギー源の多様化を推し進めたという経緯がある。そして原子力がエネルギー安全保障の言説の一部として登場し、1970 年代に最初の軽水炉が建設され、地震の被害を受けやすい地理的条件下でどのように安全に原子力発電を稼働させるか、という難題を抱えることになった。1980 年代から 1990 年代にかけて地球規模の環境問題が登場するにつれ、日本のエネルギー政策担当者は、3 つの"E"── energy security（エネルギー安全保障）、economic efficiency（経済効率）、environment（環境）──を骨格とした国家エネルギー安全保障政策を掲げるようになった（後に safety（安全）も加えて、3E+S となる）（Ohta and Barrett 2023）。

　上記の日本のエネルギー政策を支える安全保障言説は、再エネ中心の代替エネルギー開発に対する主要な障害となった。例えば、福島原発事故後、再エネよりむしろ石炭と天然ガスによる火力発電を推進するというエネルギー安全保障と現状維持の解決策に至った。同様に、2022 年 2 月にロシアのウクライナ侵略後の「エネルギー危機」後、このエネルギー安全保障言説は現状維持を旨とし、原発の再稼働を支持した（USEIA 2020, 9-10）。また、オーストラリアからの「グレイ水素」（化石燃料を使って水素を生成）の輸入を手始めに、出現しつつある水素経済へのテコ入れを選択した。

　さらに、新しいエネルギー政策提案の見通しを左右したのが自民党と民主党（立憲民主党と国民民主党に分裂する前）の党内の政治的ダイナミックスであった。各々の政党内には党を横断して野心的な気候政策や急速なエネルギー転換に反対する政治勢力がある程度存在していて、その状況は「炭素汚染者の二重代表」（"double representation of carbon polluters"）（Mildenberger 2020）と言われている。これらの政治的アクターは、イデオロギーのスペクトルの正反対の立場にありながら、炭素依存の経済的利益を代表していて、気候変動とエネルギー政策の違いを曖昧にしている。

(2)　エネルギー政策と既得権政治

　日本の気候政策とそれと密接に関連するエネルギー政策を分析するには既得権政治の議

論（Geels 2014; Mildenberger 2020; Moe 2010, 2012; Olson 1982; Stokes 2020; 恒川 2010）と歴史的制度論（Hacker 1998, 2002; Pierson 2000, 2004; Skocpol 1999）の組み合わせによる分析視座が有効である。この視座は、急進的なエネルギー転換に反対して現状を維持すべく、関係する省庁、与党（特に、自民党の商工族）、エネルギー多消費産業とこれらの産業の労働組合からなる政策連合を形成する。この政策連合の一翼を担い大きな影響力を持つのが日本経済団体連合会（経団連）であり、その主導的な立場にある経済界の代表が経産省や資源エネルギー庁のエネルギー政策審議会や基本政策分科会などの主要な政府諮問委員会の主要メンバーとなって、政府の政策に少なからぬ影響を与えている。とりわけ、電力会社、鉄鋼、セメント、石油化学産業、建設業などのエネルギー多消費産業が直接あるいは間接的に政府の気候政策やエネルギー政策決定過程で影響力を行使しようとする一方、政権与党の議員らは一般的に経産省や経団連の立場を支持する傾向が強い（Stokes 2020; 恒川 2010, 115-121）。

　エネルギー政策と既得権政治についてここで詳述することは本論の主旨ではないが、本論文が提起する疑問に対する答えの証左にもなるので、最後に、経産省の重要なエネルギー政策を審議する委員の構成から既得権政治の一端を垣間見ることにする。

　グリーン成長戦略の根幹をなすエネルギー政策である、経産省の第6次エネルギー基本計画が2021年10月に閣議決定される直前から、GX基本方針、GX推進法、GX脱炭素電源法の成立後に開催された1回のエネルギー基本政策分科会、すなわち第48回（2021年8月4日）から第53回（2023年6月23日）の分科会委員の構成員を見る限り、国際的な気候変動政策やエネルギー政策が大きく変化しているにもかかわらず、なぜ、日本国内のグリーン成長戦略とGX政策に大きな変化がなく、相変わらず化石燃料依存体質と原子力政策が堅持される一方、再エネの割合に変化がみられないのか理解できる。延べ25名の委員（委員長も含む）のうち、環境派の委員はわずか2名、日本のエネルギー政策に批判的な発言を行っている専門委員が1名、専門外でエネルギー政策に中立的な立場の委員2〜3名以外は、政府のエネルギー政策を推進する委員によって占められ、その比率は概ね6割強である[6]。経産省の分科会なのでこうした委員構成は当然だと言えばそれまでだが、気候変動問題のようにあらゆる政策に関係する課題に対処するためには、エネルギー政策も包括的な視点から議論され、政策が立案される必要があるのは言を俟たない。

おわりに

　気候変動に起因する異常気象が顕在化し、パリ協定締結後、国際社会も化石燃料からの脱却を目指して再エネ中心のエネルギー転換に舵を切っている。日本もその例にもれず、菅元首相の2050ネット・カーボンニュートラル宣言以降、EUやアメリカに歩調を合わせて、2030年までのGHG排出削減目標を2013年比46%（努力目標50%）とした。それを受けて、経産省中心にグリーン成長戦略、そして岸田政権になって、GX基本方針やGX推

進法を掲げて、2050 年の脱炭素化を目指している。

　しかし、気候変動対策の要であるエネルギー政策に関しては、菅政権から岸田政権の脱炭素戦略の中身に根本的な違いはない。両者とも再エネの主流化を唱えるものの、エネルギー構成に占める割合に変化はなく、化石燃料と原子力エネルギーへの依存度はほぼ同じである。気候外交の面でも、日本政府は COP26 から COP28 に至るまで、国際環境 NGO の批判の対象となっている。ただ、こうした批判には、日本に対して気候変動問題に関してリーダーシップを発揮してほしい、という期待が込められていることも銘記しておく必要があろう。と同時に、グローバルな市場を相手にしている日本の企業は、世界的な脱炭素や ESG 投資の潮流にこれ以上乗り遅れないように積極的な事業を展開し始めている。後は、改革志向の政治的リーダー、環境保護アドボカシー・グループ、クリーン技術産業、地域の再エネ生産者の連合が既得権連合を乗り越えることができるか、どうかである。

【参考文献】

大嶋秀雄「COP28 の成果と今後の課題―求められる削減目標引き上げと具体策の加速」日本総研、2023 年 12 月 15 日、https://www.jri.co.jp/page.jsp?id=106875（2023 年 12 月 17 日検索）

太田宏「エネルギー転換と技術の地政学とガバナンス」吉野孝編著『地域間共生と技術―技術は対立を緩和するか』早稲田大学出版部、2023 年、156-186 頁。

環境省「国連気候変動枠組条約第 27 回締約国会議（COP27）結果概要」2022 年、https://www.env.go.jp/earth/cop27cmp16cma311061118.html（2023 年 12 月 17 日検索）

気候ネットワーク「COP26 グラスゴー会議の結果とその後の日本政府の対応の評価」2022 年 3 月 4 日、https://www.kikonet.org/wp/wp-content/uploads/2022/03/COP26evaluation.pdf（2023 年 12 月 17 日検索）

橘川武郎「次世代革新炉建設と資源エネルギー庁」『世界経済評論』2023 年 2 月 20 日、http://www.world-economic-review.jp/impact/article2859.html（2023 年 12 月 23 日検索）

経済産業省（経産省）a「2050 年カーボンニュートラルに伴うグリーン成長戦略」2021 年 6 月 18 日、https://www.meti.go.jp/policy/energy_environment/global_warming/ggs/index.html（2023 年 12 月 25 日検索）

経産省 b「2030 年度におけるエネルギー需給の見通し（関連資料）」2021 年 10 月、https://www.meti.go.jp/press/2021/10/20211022005/20211022005-3.pdf（2023 年 12 月 25 日検索）

経産省（クリーンエネルギー戦略検討合同会合事務局）「GX を実現するための政策イニシアティブの具体化について」、2022 年 12 月 14 日、https://www.meti.go.jp/shingikai/sankoshin/sangyo_gijutsu/green_transformation/pdf/011_01_00.pdf（2023 年 12 月 26 日検索）

経産省「GX 実現に向けた基本方針―今後 10 年を見据えたロードマップ」2023 年、https://www.meti.go.jp/press/2022/02/20230210002/20230210002_1.pdf（2023 年 12 月 25 日検索）

資源エネルギー庁「第 5 次エネルギー基本計画」2018 年 7 月、https://www.enecho.meti.go.jp/category/others/basic_plan/pdf/180703_01.pdf（2023 年 12 月 25 日検索）

資源エネルギー庁「昨今のエネルギーを巡る動向とエネルギー転換・脱炭素化に向けた政策の進捗」2019 年 7 月 1 日、https://www.enecho.meti.go.jp/committee/council/basic_policy_subcommittee/029/pdf/029_005.pdf（2023 年 12 月 25 日検索）

シュムペーター, J.A.『資本主義・社会主義・民主主義』中山伊知郎・東畑精一訳、東洋経済新報社、1995 年。

恒川惠一「規制緩和の政治過程─何が変わったのか」内閣府経済社会総合研究所 企画・監修、寺西重朗編『構造問題と規制緩和』（『バブル／デフレ期の日本経済と経済政策　7』）慶應義塾大学出版会、2010 年、77-174 頁。

Aklin, M. and Urpelainen, J., *Renewables: The Politics of a Global Energy Transition* (Cambridge, MA: The MIT Press, 2018).

Climate Action Network International (CAN), "Fossil of the Day 02 November 2021 – Norway, Japan and Australia," (Second Fossil of the Day Award goes to Japan), 2 November 2021, https://climatenetwork.org/resource/fossil-of-the-day-02-november-2021/ (2023 年 12 月 17 日検索)。

CAN, "Fossil Day 1: COP 27: First 'Fossil of the Day's Goes to … Japan," 9 November 2022, https://climatenetwork.org/resource/fossil-of-the-day-9th-of-november-2022-japan/ (2023 年 12 月 17 日検索)

CAN, "Fossil of the DAY 3 December, New Zealand, Japan, USA," 3 December 2023, Dubai, UAE, https://climatenetwork.org/resource/fossil-of-the-day-3-december-new-zealand-japan-usa/ (2023 年 12 月 17 日検索)

Denyer, S., "Japan Bets on Hydrogen to Lift its Ambitious Carbon-neutral Plans," The *Washington Post*, 15 April 2021, https://www.washingtonpost.com/climate-solutions/japan-hydrogen-energy-carbon/2021/04/13/0dd68e4e-9229-11eb-aadc-af78701a30ca_story.html (2023 年 12 月 22 日検索)

European Commission, "REPowerEU: affordable, secure and sustainable energy for Europe," EU Commission, 18 May 2022 (2023 年 2 月 19 日検索)

Foster, R. N., *Innovation: The Attacker's Advantage* (New York: SUMMIT Books, 1986).

Geels, F. W., "Regime Resistance against Low-Carbon Transitions: Introducing Politics and Power into the Multi-level Perspective," *Theory, Culture & Society*, 31 (5), 2014, pp. 21-40.

The Guardian, "Cop28 president says there is 'no science' behind," https://www.theguardian.com/environment/2023/dec/03/back-into-caves-cop28-president-dismisses-phase-out-of-fossil-fuels (2023 年 12 月 18 日検索)

Hacker, J. S., "The Historical Logic of National Health Insurance: Structure and Sequence in the Development of British, Canadian, and U.S. Medical Policy," *Studies in American Political Development*, 12 (1), 1998, pp. 57-130.

Hacker, J. S., *The Divided Welfare State: The Battle over Public and Private Social Benefits in the United States* (Cambridge: Cambridge University Press, 2002).

Intergovernmental Panel on Climate Change (IPCC), *Special Report, Global Warming of 1.5 ℃*, 2018, https://www.ipcc.ch/sr15/ (2023 年 12 月 26 日検索)

International Energy Agency (IEA), "Coal 2020 – Analysis and Forecasts to 2025," 2020. https://www.iea.org/reports/coal-2020/trade (2023 年 12 月 21 日検索)

Lovins, A.L., *Climate: Making Sense and Making Money* (Snowmass, CO: Rocky Mountain Institute, 1997).

McElvoy, A., P. Snowdon, and Z. Colman, "John Kerry shrugs off COP28 chief's controversial fossil fuel remarks," *Politico*, 4 December 2023, https://www.politico.eu/article/john-kerry-cop28-sultan-al-jaber-dunbai-fossil-fuels-power-play/（2023 年 12 月 18 日検索）

Meadowcroft, J., "What about the politics? Sustainable development, transition management, and long-term energy transitions," *Policy Sciences*, 42 （4）, 2009, pp. 323-340.

Meredith, S., "COP28 president sparks outcry after he claims there's 'no science' behind fossil fuel phase out," *CNBC*, 4 December 2023. https://www.cnbc.com/2023/12/04/cop28-president-sparks-outcry-after-controversial-fossil-fuel-comments.html （2023 年 12 月 26 日検索）

Mildenberger, M., *Carbon Captured: How Business and Labor Control Climate Politics* （Cambridge, MA: The MIT Press, 2020）.

Mishra, S., "US and EU lawmakers call for UAE oil boss to be removed as UN climate summit chief," *Independent*, 24 May 2023, https://www.independent.co.uk/climate-change/news/cop28-chief-sultan-al-jaber-controversy-b2344890.html （2023 年 12 月 18 日検索）

Moe, E., "Energy, Industry and Politics: Energy, Vested Interests, and Long-term Economic Growth and Development," *Energy*, 35 （4）, 2010, pp. 1730-40.

Moe, E., "Vested Interests, Energy Efficiency and Renewables in Japan," *Energy Policy*, 40 （C）, 2012, pp. 260-273.

Ohta, H, "Japan's Policy on Net Carbon Neutrality by 2050," *East Asian Policy*, 13 （1）, 2021, pp. 19-32, https://doi.org/10.1142/S1793930521000027

Ohta, H., "Japanese Environmental Foreign Policy and the Prospects for Japan-EU Cooperation: The Case of Global Climate Change," in Ueta Takako and Éric Remacle, eds., *Japan and Enlarged Europe: Patterns in Global Governance* （Brussels: P.I.E.-Peter Lang, 2005）, pp. 99-126.

Ohta, H. and Barrett, B.F.D., "Politics of climate change and energy policy in Japan: Is green transformation likely?" *Earth System Governance*, 17, 2023, pp. 1-10, https://doi.org/10.1016/j.esg.2023.100187

Olson, M., *The Rise and Decline of Nations: Economic Growth, Stagnation, and Social Rigidities* （New Haven: Yale University Press, 1982）.

Pierson, P., "Increasing Returns, Path Dependence, and the Study of Politics," *American Political Science Review*, 94 （2）, 2000, pp. 251-67.

Pierson, P., *Politics in Time: History, Institutions, and Social Analysis* （Princeton: Princeton University Press, 2004）.

Río, P. D. and Unruh, G., "Overcoming the Lock-out of Renewable Energy Technologies in Spain: The Cases of Wind and Solar Electricity," *Renewable and Sustainable Energy Review*, 11, 2007, pp. 1498-1513.

Schreurs, M. A., *Environmental Politics in Japan, Germany, and the United States* （Cambridge: Cambridge University Press, 2002）.

Seba, T., *Clean Disruption of Energy and Transportation: How Silicon Valley Will Make Oil, Nuclear, Natural Gas, Coal, Electric Utilities and Conventional Cars Obsolete by 2030* （Silicon Valley, CA: Clean Planet Ventures, 2014）.

Skocpol, T., "How Americans Became Civic," in Skocpol, T and Fiorina, M. P., eds., *Civic Engagement in American Democracy* （Washington, D.C.: Brookings Institution and the Russell Sage Foundation, 1999）, pp. 27-80.

Stokes, C. L., *Short Circuiting Policy: Interest Groups and the Battle over Clean Energy and Climate Policy in the American States* (Oxford: Oxford University Press, 2020).

UAE Consensus, "COP 28 President Delivers Remarks at Closing Plenary," 13 December 2023, https://www.cop28.com/en/ （2023 年 12 月 18 日検索）

United Nations Environment Programme (UNEP), *Emissions Gap Report 2023: Broken Record – Temperatures hit new highs, yet world fails to cut emissions* (again), Nairobi, https://doi.org/10.59117/20.500.11822/43922 （2023 年 12 月 18 日検索）

UN Framework Convention on Climate Change (UNFCCC), "Glasgow Climate Pact," Decision -/CP.26, 2021, https://unfccc.int/sites/default/files/resource/cop26_auv_2f_cover_decision.pdf （2023 年 12 月 17 日検索）

UNFCCC, "Outcomes of the Dubai Climate Change Conference," 2023, https://unfccc.int/cop28/outcomes （2023 年 12 月 18 日検索）

United States Energy Information Administration (USEIA), "Country Analysis Executive Summary," 2020, https://www.eia.gov/international/content/analysis/countries_long/Japan/japan.pdf （2023 年 12 月 21 日検索）

Unruh, G.C., "Understanding Carbon Lock-in," *Energy Policy*, 28, 2000, 817-830.

Unruh, G.C., "Escaping Carbon Lock-in," *Energy Policy*, 30, 2002, 317-325.

【注】
（1） ただし、COP28 閉幕時点で、損失と損害基金のために各国から拠出された額は約 8 億ドルで、必要とされる数千億ドルには程遠い金額である（大嶋 2023, 5）。
（2） 以下の Web サイトを参照、https://japanclimate.org/ （2023 年 12 月 24 日検索）。
（3） 以下の Web サイトを参照、https://japan-clp.jp/about/jclp （2023 年 12 月 24 日検索）。
（4） 以下のサイトを参照、RE100（https://www.there100.org/SBTi）、SBTi（https://sciencebased-targets.org/）、TCFD（https://www.fsb-tcfd.org/）。
（5） 既得権益論はオルソンの議論で（Olson 1982）、創造的破壊論はシュムペーター（1995）によって唱えられた。また、これらの議論を踏まえて再エネ技術が既得権益を打破する創造的破壊の可能性を示唆するのは、モエの議論である（Moe 2010）。
（6） 各委員について新聞・雑誌、ウェブサイト、著作等の二次資料による特定。現在、委員会の議事録などの一次資料による調査を遂行中。

（太田宏　早稲田大学国際学術院国際教養学部教授）

《論文》

欧州司法裁判所が引き起こすEU制度変化の動態
―ポジティブ・アクションを巡る条約改定を事例として―

原田　豪

はじめに

EUは最も制度化の進展したグローバル・ガバナンスの事例として知られている[（1）]。その制度化は法制化の観点からも高水準とされ[（2）]、独自の法体系であるEU法を備えている点で稀有な事例である。

だが、法制化がEUの発展過程に及ぼした影響に関しては、研究の余地がある。条約締結・改定時の加盟国間交渉にはモラフチーク（Andrew Moravcsik）の研究があり、制度設計を通じた加盟国によるEUの制御が論じられている[（3）]。モラフチークによれば、加盟国間交渉「後」のEUの活動は加盟国間合意通りである。だが、モラフチークに対し、長期的過程における制度の影響を重視する歴史的制度論の立場から、制度設計を通じた加盟国の制御の限界がピアソン（Paul Pierson）によって主張された[（4）]。制度は加盟国が意図せぬ作用をもたらしうるとのピアソンの主張に対し、「以前の制度決定が以後の制度変化に及ぼす予期せぬフィードバック」の研究はまだ不十分とモラフチーク自身が述べている[（5）]。法制化がもたらすフィードバックの研究の余地が指摘できよう。

さらに、ピアソンの主張も「予期せぬ結果に対し、加盟国はどう反応するのか」の点から再検討されるべきである。ピアソンは制度の修正が困難とするが[（6）]、近年の歴史的制度論研究では制度の漸進的変化が論議されている[（7）]。「加盟国がなしうる制度への対応」の考察によって、ピアソンの議論を補完する必要も見出せるのである。

本稿では欧州統合過程におけるフィードバックに焦点を当て、EU法制化の象徴である欧州司法裁判所（European Court of Justice、以下ECJ）の裁定が[（8）]、加盟国による反応を引き起こすことでEU制度に及ぼす影響を、歴史的制度論の知見を用いて分析する。

対象とするのは、ECJがその発展に大きく貢献した男女平等政策、中でも雇用・昇進の男女格差に対するポジティブ・アクションを巡って条約改定を引き起こしたとされるカランケ事件（Kalanke、Case 450/93）と、これがアムステルダム条約（Treaty of Amsterdam、以下ToA）を交渉した政府間会合（Intergovernmental Conference、以下IGC）に及ぼした[（9）]影響を考察する。カランケ事件は条約改定によってECJ裁定が撤回された数少ない事例の1つとされており[（10）]、フィードバック観察に適する。

本稿は理論的検討と実証的考察の2つから成る。理論部分では、まずグローバル・ガバナンス全体におけるECJの位置づけを、アボット（Kenneth W. Abbott）らの間接的統治類

型を用いて検討する。その上で、ECJがもたらしうる「予期せぬ制度作用」、およびそれに対し加盟国が取り得る対応を歴史的制度論の漸進的制度変化類型を用いて考察する。この考察によって、ECJ裁定と加盟国の反応の相互作用を通じてEU制度へとフィードバックが生じる仮説モデルが提示できよう。実証部分は、まずカランケ裁定を分析し、ECJの特性を考察する。その後、カランケ裁定への反発があったとされる条約改定交渉過程とその結果を追う。最後に実証結果でモデルを検証することで、ECJ裁定が引き起こすEU制度変化動態を明らかにする。

1. 制度を媒介としたEU制度変化の動態モデル：中間者としてのECJを通じて

アボットらは、中間者の能力を利用したいが、利用が中間者に対する統制の緩みを生む統治者のジレンマに注目し、「能力と統制のトレードオフ」に立脚した間接統治類型を提示した。[11]「事実上、あらゆる統治が間接的」との彼らの指摘通り[12]、EUも間接統治機構を備える。EUの初期制度設計における主権移譲を通じた間接統治の意図は欧州統合研究でも指摘されている。[13]

それではECJを中間者としてEUではどのような間接統治が確立したのか、その形態から考えられる影響とは何か。本節ではこれらの問いを検討する。

(1) 欧州統合過程におけるECJの位置づけ：事前統制と事後統制の観点から

アボットらは4つの間接統治類型を示しているが、類型を区分するのは「事前統制」と「事後統制」の有無である。[14]

「事前統制」では、統治者が中間者に権威を与えたのか、中間者自身の権威だったかで区分される。前者の場合、中間者は事前制約によって権威行使に条件を課される。後者では統治者が協力を請う形となり、中間者に対する事前制約も緩やかとされる。

「事後統制」は、中間者が与えられた／保持していた権威に対し、統治者が採れる対応で区分される。これは中間者が統治者の意に沿わない行動をした時、中間者の権威を削減・剥奪できる階層的な力を統治者が持つ場合と、権威に手出しは出来ず説得や報酬で誘導するしかない場合に分けられる。

以上の区分からなる4類型を表したのが次の表1となる。[15]

ECJはどれだろうか。ECJの司法的権威はファン・ヘント・エン・ロース事件（Van

表1　間接統治類型

事後統制 事前統制	階層的	非階層的
権威付与	委任	信託
協力要請	取り込み	オーケストレーション

Gend en Loos、Case 26/62）でのEU基本条約の直接効果原則[16]、コスタ事件（*Costa*、Case 6/64）での国内法に対するEU法の優位性原則の宣言で確立された[17]。いわば自身の決定で権威を確立したのだが、それを可能にしたのはローマ条約第177条の先決裁定手続きおよびこの手続きが与えるEU法の解釈権である。この手続きは解釈の違いによる争いを避けるために設置され[18]、ECJの解釈が正当とされる根拠はこの条項にある。よって事前統制の面からは、ECJはローマ条約によって解釈権が与えられた「権威付与」型となる。

　さらにEU初期制度設計では、条約遵守監視に独立した諸機関の設置が必要と記されている[19]。よって、ECJは加盟国による互いの合意遵守の事前保障を目的とした「信頼性のための権威付与」の中間者と言える[20]。

　事後統制はどうだろうか。ECJの裁判官任命は各加盟国の推挙による。再任にも推挙が必要であることから、再任拒否を通じた間接的統制が考えられる。しかし、ECJ裁定は内部の議論を明らかにせず統一見解のみを出すため、加盟国には情報がなく個々の裁判官について判断できない。よって再任を通じた事後統制は不可能と考えられる[21]。

　他にはEU法改定による撤回と不服従が考えられる。しかし、EUは多国間合意に依拠する集団的統治である。集団的統治では事後統制でも合意形成が必要となり、意思決定ルールによってはほぼ不可能とアボットらは指摘する[22]。実際、EUの条約改定には全会一致が必要であり、EU措置改定・撤回にも特定多数決が最低限必要となる[23]。不服従に関しても他の加盟国の反発を招きうるし[24]、そもそもECJ解釈に準じて判決を下すのは国内裁判所であり、その判決への不服従は「国内司法に対する政府の挑戦」となってしまう[25]。

　以上の点から、ECJに対する事後統制の可能性は低いと考えられ、表1における「非階層的」に分類されよう。

　ここまでの考察から、ECJは事前統制「権威付与」かつ事後統制「非階層的」となり、表1で示す「信託」型と考えられる。アボットらは「信託」型に対し、「受託者は実質的な裁量性を保持」する一方、「信託者は信託関係を危機に晒さずにはその権威を振るうことは不可能」との特徴を述べているが[26]、加盟国とECJの関係性にも該当するのだろうか。

(2)　ECJを通じたフィードバックメカニズム：法制化概念と漸進的制度変化類型を手掛かりとして

　冒頭で述べた通り、EUは高度な制度化を遂げている。その水準は法制化概念の各指標、①拘束力②定める内容の精度③第三者機関による解釈と適用を認める度合い、の全てにおいて高い[27]。

　この法制化の影響で注目すべきは、法制化されると「例えルールの適用や解釈に不服であっても、純粋に利害関心や力関係のみで議論することが正当と見なされなくなる」点である[28]。つまり、法制化された制度枠組み内では政治交渉ではなく、法学的論理に従って議論が進められるのである。

　この点は「信託」型間接統治とECJの活動とも整合する。「信託」型では受託者は最初

の契約に拘束されるが、契約内容に恣意的解釈が可能とされる[29]。ECJ にも先決裁定における解釈権が与えられており、加盟国は EU 基本条約への合意に基づき ECJ 解釈に従う義務が生じる。ここで問題となるのは条文解釈の適切性であり、加盟国の選好ではない。政治力学ではなく法学的論理に基づく条文の解釈が加盟国への制約となる[30]。

　この結果、EU にどのような傾向が生じるだろうか。まず、事前統制によってのみ制御されることで、ECJ は加盟国に反する裁定を下しやすくなる。さらに上述した直接効果原則によって個人が加盟国を訴えられることから、訴訟も多様となり ECJ が加盟国に挑戦する機会も増える。一度確立された少数の判例が後の事例へ適用される司法の特性から、ECJ が影響を及ぼす領域も拡大していく[31]。

　しかし、無制限ではない。ECJ の権限はあくまで解釈である。近年の歴史的制度論研究では、解釈による制度変化、「転用（Conversion）」を含む漸進的制度変化類型が提示されている[32]。この「転用」は①解釈可能なルールと②解釈を巡る論争の存在を条件とし、③制度を新たな機能に転用しながらも④形式的な制度に変化を及ぼさないとされ、ECJ の解釈はその典型例とされている[33]。ここから、ECJ の解釈には①と②が必要と指摘できる。

　もとより国家間条約は、複雑さと不確実性が故に解釈の余地が生じ易い[34]。よって、間接統治類型が示す「信託」型の特徴とされる「受託者は実質的な裁量性を保持」は、「①と②が満たされる限り、ECJ は裁量性を保持出来る」と言い換えられよう。では、「信託」型のもう一つの特徴「信託者は信託関係を危機に晒さずにはその権威を振るうことは不可能」はどう理解できるだろうか。

　ここでも漸進的制度変化類型が示唆をもたらす。その類型上の変化は、表 2 のように形式的制度変化を伴うものと伴わないものとなり、「転用」は後者、対して EU 法改正は前者である[35]。間接統治類型における事後統制の問題は EU 法改正における合意形成の困難さだが、制度変化類型はより低い合意形成コストによる制度変化を示唆する。

　例えば、「重層化」は「既存制度に新ルールを追加し、既存制度が行動決定に及ぼす影響を変える」。「置換」と比べ旧ルール撤廃が必要ないことから、より低い合意形成コストで実行可能な形式的制度変化であり、解釈可能性を制限する新ルール追加が考えられる。この場合、ECJ の裁定を無効化する条約・EU 措置の改定でなく、解釈可能性の低下が事後統制の結果となる。

表 2　漸進的制度変化類型

	置換 (Displacement)	重層化 (Layering)	不活動 (Drift)	転用 (Conversion)
旧ルール撤廃	Yes	No		
新ルール導入	Yes	Yes		
旧ルール無視			Yes	No
旧ルール作用の改変			Yes	Yes

　以上の考察から、ECJ の行動によって作動する仮説モデルが提示出来よう。EU 基本条約をはじめとした形式的制度に不可避的に生じる解釈可能性は、法制化によって、ECJ が加盟国の行動を制約することを可能にする。すなわち、「転用」が生じうる。

　ECJ による条約遵守監視機能維持と「転用」阻止のトレードオフ、および高い合意形成コストから、加盟国は既存制度の「置換」を実現しにくい。だが、既存制度を維持しながら解釈可能性を狭める「重層化」の実現は、相対的に低い合意形成コストから蓋然性が高い。

　つまり、「ECJ による制度の解釈は加盟国によって解釈可能性を狭める制度変化を呼び起こす」と考えられ、欧州統合過程における「制度を媒介とした相互作用によって形成されるフィードバック」が推察されるのである。

　マーストリヒト条約の通称バーバー議定書（EC 設立条約第 119 条に関する議定書）など、解釈可能性へ影響を及ぼしたと考えられる事例は存在する。しかし、次節のカランケ事件は ToA 第 141 条第 4 項によって裁定が撤回されたとされている。果たして、カランケ事件における ECJ 裁定は加盟国の反発を呼び、加盟国による撤回、すなわち既存制度の抜本的変化を生じさせたのだろうか。

2.　EU における男女平等政策発展とカランケ裁定

　「男女同一報酬」を規定するローマ条約第 119 条は、当初効力を持つと考えられていなかったが、この条項の直接効果を宣言し、さらに条文解釈を通じて EU レベルでの男女平等実現を牽引してきたとされるのが ECJ である。

　しかし、本節で取り扱うカランケ事件は「男女平等を推進する ECJ」像に疑問を投げかけた。それまでと異なり、不平等是正を目的としたポジティブ・アクションを EU 法違反とする裁定が下されたのである。なぜその裁定が下されたのか。また、その影響は何だったのだろうか。

(1)　事件内容と裁定

　カランケ事件で争点となったのは、ドイツ・ブレーメン州の公的部門における均等待遇法である。原告男性が空席の管理職へ応募したところ、当初は男性が指名されようとしていた。しかし、人事委員会の反対から調停委員会が介入し「ポジションに対し同等の資質を両名が有していることから、男女均等待遇法に基づき女性が優先されるべき」と判断され女性候補が選ばれた。これを受けた原告男性が EU の男女均等待遇指令（Council Directive 76/207/EEC、Equal Treatment Directive、以下 ETD）違反として訴え、ECJ の先決裁定が求められた。

　ECJ に求められた先決裁定は、次の 2 点であった。「より高い俸給区分の仕事を任じる時、女性が半数を占めておらずその比率が低い場合には、男女が同等の資質を有すること

を条件として、女性を優先する」との州法規定が、ETD 第 2 条第 4 項の「特に女性の機会に影響を及ぼす既存の不平等を除去することにより男女均等機会を促進する措置を妨げない」にある措置に該当するのか。該当しない場合、当該州法は ETD 第 2 条第 1 項に定める「直接的・間接的性差別の禁止」に抵触するのか、である。

ECJ 裁定は以下の通りである。まず、同等の資質を持つ男女候補がいる場合に女性比率が低い部門で女性を「自動的」に優先することは、性差別禁止に抵触するとした。[40] その上で、第 2 条第 4 項が定める性差別禁止適用除外に該当するかを検討し、「外形上は差別的であるが、実際には社会生活に存在する現実の不平等を撤廃または削減することを目的とする措置を認めるため」に当該条項が定められたのであり、女性優遇措置を許容すると述べている。[41]「職に就いている女性への社会的な態度・行動・構造から生じる不利な影響の是正」にも言及していることから、機会均等だけでなく結果の平等までも ECJ が考慮していたことが窺える。[42]

しかし、「個人の権利からの除外」であることからその範囲は厳しく解釈する必要があるとし、「絶対かつ無条件の女性優先」は除外規定の適用範囲を越えるとした。[43] また、結果の平等は機会均等を通じてのみ実現されなければならないと付け加え、ブレーメン州の男女均等待遇法は ETD 第 2 条の第 1 項および第 4 項に抵触するとし、ECJ は EU 法違反の裁定を下した。[44]

(2) 裁定の分析：司法としての ECJ

カランケ裁定が大きな注目を集めたのは、第一に当時拡大しつつあったポジティブ・アクションに冷や水を浴びせたからである。カランケ裁定に関し欧州委員会が出したコミュニケにあるように、「EU レベルでのポジティブ・アクションの公式な定義は存在しない」。[45] 一方、ポジティブ・アクションは欧州に広まりつつあった。[46] この背景の中、カランケ裁定は機会均等に限定した形式的平等と結果の平等も含む実質的平等を対比させたことで、大きな懸念を引き起こした。法務官テサウロ（Tesauro）は意見書において、ETD で許容されるのは機会均等を目的とした差別撤廃であり、結果の平等を目的としたクォーター制などの措置は「個人間の平等を損なう」とした。[47] この意見からは実質的平等追求措置は女性というだけで優遇する逆差別であり、[48] 従って女性という集団への特権付与となるクォーター制は差別禁止に関する個人の権利侵害との理解が可能である。さらに ECJ の裁定では、実質的平等と ETD の相反性が曖昧であったため、[49] ポジティブ・アクション全般が EU 法違反となるとの懸念を生んだ。

第二に問題となったのは、ETD 第 2 条第 4 項の解釈である。法務官、ECJ の裁定ともに ETD 第 2 条第 2 項以下[50]を除外規定として取り扱い、[51] 判例に従って個人の権利は最大限尊重し除外規定適用は最小限に留めるとしている。[52] ここから「男女均等待遇への個人の権利保障」からの「男女機会均等促進措置の除外」という関係性を ECJ は提示した。

この解釈には各条項の特性を無視しているとの批判もあるが、[53] ETD の制定過程からはむ

しろ設計意図通りと考えられる。欧州委員会のETD案は元々「…女性に均等な機会を提供するための適切な措置を含め…全ての差別の撤廃」を均等待遇の定義とし、ポジティブ・アクションも「適切な措置」に含まれていたが、閣僚理事会の審議の結果、ポジティブ・アクションは均等待遇の例外として整理された。⁽⁵⁴⁾これは「適切な措置」の内容が曖昧であり、また加盟国代表がポジティブ・アクションに対し理解不足であったからとされている。⁽⁵⁵⁾この制定過程を考慮すると、除外規定としたETDの構造をECJが尊重した結果の解釈と言えよう。

　これらの分析からは、カランケ事件のECJ裁定は恣意的解釈ではなく、ETD内の除外規定としての位置づけや除外適用における判例の尊重といった司法の論理に従った結果と考えられる。だが、カランケ裁定は加盟国のポジティブ・アクションが違憲となりうることを示した。結果として、ECJはEU法の解釈を通じて加盟国の行動に対する制約を強めたのである。

（3）　カランケ事件に対する反応

　カランケ裁定に対し、女性団体からをはじめとして、大きな政治的反発が生じた。⁽⁵⁶⁾この反発へまず対応したのは欧州委員会である。カランケ裁定によって「あらゆる」ポジティブ・アクションがEU法違反となるのかとの懸念に対し、欧州委員会は「EU法違反となるのは自動的に適用されるクォーター制だけ」との意見を示すと共に、問題となったETD第2条第4項を改訂し、ECJの解釈可能性を制限することを提案した。⁽⁵⁷⁾

　しかし、改訂案に対する加盟国の反応は様々であった。スペイン、イタリア、アイルランドはECJ裁定への対処として改訂が必要であるとし、提案を支持した。スウェーデンは更に野心的な、あらゆるポジティブ・アクションが可能な指令への改定を主張した。他の加盟国はECJの裁定が指令を覆したわけでもなく改訂は必要ないとし、更なる裁定やIGCの成果を待つべきとの立場を示した。⁽⁵⁸⁾

　結局、ETDの改訂が行われたのは2002年となる（Directive 2002/73/EC）。また、改訂後の指令では以前の第2条第4項が「加盟国は、男女間の実質的な完全平等を確保する目的で、条約第141条第4項の意味における措置を維持又は採用することができる」と変更された。これはポジティブ・アクションの根拠規定が条約へ格上げされたことを意味する。⁽⁵⁹⁾よって、カランケ事件を巡るECJの解釈に対し為された事後統制を確かめるには、アムステルダムIGCとその後の裁定を分析する必要がある。果たして、先行研究にあるようにカランケ裁定はToAで覆され、ポジティブ・アクションの制御は加盟国へと戻ったのだろうか。

3.　アムステルダムIGCにおけるカランケ事件への反応

　アムステルダムIGCは1995年6月開始、1997年10月署名となっている。カランケ事

件の裁定は 1995 年 10 月であり、裁定への対応は当初考慮されていなかった。従って、その対応は前述の欧州委員会による改訂案以降議題に上がったと考えられる。

　本節ではこの改訂案を出発点とし、ToA で第 141 条第 4 項となる社会政策議定書付随協定（以下、社会政策協定）の第 6 条第 3 項に関する提案と議論の過程追跡を行う。次に、カランケ事件以降の裁定を通じて、ToA が ECJ に与えた影響を考察する。

（1）　ポジティブ・アクションを巡る提案と合意形成

　欧州委員会が 1996 年 3 月に提出した ETD 改訂案は、ECJ が示した除外規定の限度「絶対かつ無条件の優先」を違反基準としながら、個別事例の状況を考慮するポジティブ・アクションは可能とする案であった。具体的には、ETD 第 2 条第 4 項にある「女性」を「少数の性」と変えた上で、「個々の状況への配慮を排除しない」限り優遇を可能な措置に含むと明記している。[60] これは ECJ の解釈を固定化するもので、その撤回を図るものではない。しかし、一部の国しか支持しなかったのは前述のとおりである。

　次に 1996 年 9 月までの間に 4 つの IGC 提出案が確認できる。概観していくと、オーストリア案は後の ToA 条文とほぼ同一である。[61] スウェーデン案は、欧州委員会改訂案よりも積極的であり、「雇用や職業訓練の条件における男女平等を加盟国は約する」とし「ポジティブ・アクションの実施を妨げない」と明記している。[62] 欧州委員会案は社会政策協定の条文化案で、内容に変化はない。[63] 最後にスペイン案だが、EU の行動原則に「あらゆる側面での男女平等」を含めるよう提案し、新たに「男女平等政策」章を設け「加盟国と EU 機関は男女平等を実現する必要を認め承認する」の条文を設けている。また、「ポジティブ・アクションを実施する必要性」が意見に記されている。[64] このスペイン案では、社会政策協定にあった除外規定が無くなっている点に注意を要する。[65] なぜならば、カランケ裁定で問題となったのが正に除外規定の解釈であり、その撤廃は除外規定に関する ECJ 解釈の無効化を意味するからである。

　これらの提案を受け、議長国アイルランドは 10 月のレポートで「ポジティブ・アクションが可能と明記すべき」との提案があったとする一方、「社会政策協定に既に同様の意図が読み取れる条文があるとの指摘」の存在も記している。[66] これ以降、性中立な語句へ変更しながらも、基本路線としては社会政策協定第 6 条の改訂を模索するようになったことが 12 月の議長国ノートで確認出来る。[67] つまり、旧ルール撤廃・新ルール制定ではなく、旧ルールに文言の追加を行う方針が選択されたのである。

　見てきたように、新しい条文への書き直し提案がなかったわけではない。また、1996 年 12 月以降もスペインの再度の提案、オーストリアとフィンランドからポジティブ・アクションに言及した提案がされているが、条文案に変更を加えるには至っていない。[68] なぜであろうか。

　欧州委員会による 1997 年 3 月会合メモには、「男女平等に関して積極的措置を認めることは文言上困難」とある。[69] つまり、カランケ裁定の解釈を撤回するポジティブ・アクショ

ン明記が議論されたが、どのような記述をするかで合意が形成されなかったのである。結果として取り上げられたのが、過去に合意を得ていた社会政策協定への文言追加であったと考えられる。

これは漸進的制度変化類型の議論と整合的である。「置換」と「重層化」の分岐は合意形成コストの差による。アムステルダム IGC で起こったことも、「ポジティブ・アクションに関する新たな条文の作成」と「既存条項への文言追加」において、後者の合意形成コストが低かったからと考えられる。実際、新たな第 141 条第 4 項もポジティブ・アクションについて曖昧なままとの指摘がある。[70] 合意形成が困難な新ルール制定を回避し、より合意形成コストの低い文言追加、すなわち「重層化」へ至ったと言えよう。

ではこの「重層化」によって、加盟国はポジティブ・アクションの制御を取り戻したのだろうか。

(2)　アムステルダム条約による ECJ への影響

前述のとおり、ToA 第 141 条第 4 項は、社会政策協定第 6 条第 3 項を改変したものである。変更点は、ポジティブ・アクションの目的として「職業生活における実際の男女の完全な平等を確保するため」が付け加えられた点、条項ではなく「均等待遇原則」からの除外へと変更された点、最後に性中立に「より少数の性」を対象としている点である。さらに ETD と社会政策協定第 6 条第 3 項の間にも差異がある。[71] 一方、これら 3 つにはすべてポジティブ・アクションを除外規定の対象としている共通点がある。[72]

実際、カランケ事件の際に法務官テサウロは、「ETD 第 2 条第 4 項と社会政策協定第 6 条第 3 項は実質的に似た適用範囲を備える」と述べている。[73] これは両方でポジティブ・アクションが権利に対する除外規定の対象となることを意味し、「限度を越える」と EU 法違反と裁定されることになる。ToA 第 141 条第 4 項も除外規定であり、ECJ の除外規定解釈が変わらない限り、加盟国のポジティブ・アクション施行の自由は取り戻されたと言えない。条約改定は ECJ の除外規定解釈に影響を与えたのだろうか。

カランケ事件以降、次に昇進における女性優遇を ECJ が取り扱ったのは、ToA 発効前の 1997 年 11 月に裁定が下されたマーシャル事件（*Marschall*、Case 409/95）である。カランケ同様、ドイツの州公務員法におけるクォーター制が焦点となった。内容も類似しており、女性比率が少ないポストに同等の資質の男女が応募した際、女性を優遇しなければならないとした点が、EU 法違反として争われた。差異は、当該州法が「男性候補を有利とする特別の理由がない限り」という留保規定を備えていた点である。

マーシャル事件で、法務官ヤコブ（Jacob）は形式的平等と実質的平等の区分に言及し、留保規定があったとしても女性というだけでの優遇は平等に反しており、カランケ事件の判例からも認められないと主張した。[74] にもかかわらず、カランケ事件と異なり、ECJ は当該州法が EU 法違反に当たらないと判断した。

ECJ がカランケ裁定を撤回した訳ではない。カランケ裁定を引用し、カランケ事件で除

外規定の範囲を逸脱しているとされたのは「絶対かつ無条件」の優遇措置だからであり、留保規定を備えるマーシャル事件は該当しないとの判断を示したのである[75]。マーシャル事件で明らかとなったのは、除外規定からの逸脱条件は絶対かつ無条件の自動的優遇措置の存在であり、留保規定が適法性の一つの目安であることだった。

　ToA発効後初の関連事例はバデック事件（*Badeck*、Case 158/97）である。但し、第141条第4項が対象とするポジティブ・アクションの領域は「職業活動の促進・キャリアにおける不利益の防止や補償のための優遇措置」であるのに対し、ETDは「不平等除去による機会均等促進」とより狭い領域が対象となり、ETD違反とされても条約によって許容されるポジティブ・アクションはありうる[76]。このため、ECJは「ETD第2条の適用範囲外となった場合のみ、第141条第4項の解釈を行う」と述べている[77]。

　このバデック事件でも、マーシャル事件で示された女性優遇措置の判断基準、絶対かつ無条件の優遇と留保規定の有無が踏襲されている。バデック事件でECJはこれらを確認し、適法と宣言した[78]。さらに幅あるポジティブ・アクションへと寛容になっていることも窺われるが[79]、同時に「恣意性や例外を許さないポジティブ・アクションは適法とは見なされない」とのニュアンスを伝えていた[80]。

　このニュアンスの意味は、アブラハムソン事件（*Abrahamsson*、Case 407/98）において明らかとなる。この事件では、スウェーデンの高等教育機関におけるクォーター制が争点となった。このクォーター制では、少数の性に属する者が十分な資質を備える場合、もう片方の性に属する者が資質的に優れていても、その資質の差が職責に影響を与えない場合との条件で、少数の性が優遇されると定めていた。

　このクォーター制に対し、ECJは選出基準の客観性に欠けており、十分な資質を備えるとされた少数の性が自動的に優先されているとし、ETD違反とした[81]。さらに第141条第4項の検討でも、比例性審査の言葉を用い「男女間の完全な平等実現」の目的に照らし合わせても不釣り合いであり、違反としている[82]。ここから見出されるのは、異なる言葉を用いていてもECJが第141条第4項との適法性を判断する基準は「絶対かつ無条件の自動的優遇であるか」であり、カランケ事件以来この基準は変わっていないことである[83]。

　一方、条約改定の影響も認められる。アブラハムソン事件では、第141条第4項により生じる目的として「事実上の不平等削減による実質的平等の達成」を挙げている[84]。これはカランケ事件で法務官テサウロが提示し、ECJも認めたかと思われた「形式的平等の優先」の後退を示す。実際の男女の完全な平等の確保を目的とするとの文言追加の影響と考えられよう。すなわち、「重層化」によって形式的平等を優先する解釈の可能性が減じられたのである。結果として、加盟国が選択しうるポジティブ・アクションの領域は拡大した。この実質的平等優先の方針は、後のブリエシュ事件（*Briheche*、Case 319/03）でも踏襲されている[85]。

　他方、形式的平等と実質的平等の緊張関係が消え去ったわけではない。ブリエシュ事件では、公務員採用試験受験資格の年齢制限を寡婦には適用せず寡夫には適用するフランス

の法が争点となったが、女性への「自動的かつ無条件の優遇」として EU 法違反とされた。[86]
つまり、カランケ事件で ECJ が示した「絶対かつ無条件の優先は逆差別を構成し EU 法違反」とのポジティブ・アクションに対する制約は変化していない。[87] ToA によって実質的平等に寛容となった一方、除外規定適用に際し加盟国に課された制約が撤回されていないことは明らかである。

　IGC の分析からは、合意形成コストの高さから加盟国による制度変化が「重層化」に留まったことが分かった。部分的変化に留まり除外規定が維持されたが故に、形式的平等優先を後退させた一方、「自動的な女性優遇は EU 法違反」との制限は残存した。統治者による事後統制は確かに行われ一定の効果をもたらしたが、統制を中間者から完全に取り戻してはいなかったのである。

おわりに

　本稿では、欧州統合過程におけるフィードバックに注目し、その理論的検討と実証的考察を行った。

　理論的検討では、間接統治類型による統治者と中間者の関係性に歴史的制度論の漸進的制度変化類型を適用することで、制度変化の動態モデルを提示した。注目したのは、法制化により「転用」が可能な ECJ と、集団的統治者であり合意形成コストに制約され「重層化」といった部分的な制度変化を行いがちな加盟国という特徴である。この組み合わせは、中間者でありながら統治者の行動を拘束できる ECJ と、ECJ の行動を十全には統制できない加盟国の間で展開される相互作用モデルに繋がる。

　この相互作用モデルを基に、EU のポジティブ・アクションを巡る過程を考察したところ、次の点が明らかとなった。

　まず、ECJ は司法としての影響力行使で加盟国の行動を制約できる。これは法的論理に基づく「転用」、すなわち解釈に拠る。しかし、その行使には司法であるが故の制約が現れる。本稿で該当するのは、権利に対する除外適用の最小限化や、指令文の構造尊重である。

　次に、この ECJ の行動は加盟国の対応を引き起こす。集団的統治であるが故に、合意形成コストが高い制度の抜本的変革は困難である。しかし、本稿で示した既存制度への文言追加という合意形成コストの低い「重層化」は可能である。この点からは、ECJ を「信託者による統制が出来ない信託型間接統治の中間者」と単純化出来ないことも指摘できよう。

　最後に、「重層化」は部分的変化であるが故に、中間者の抜本的行動変化はもたらさず、カランケ裁定以後の ECJ 裁定における「実質的平等優先への傾向」といった限定的影響に留まる。この点で先行研究の主張する「ToA によるカランケ裁定の撤回」は正確ではない。条約改定の影響はあったものの、カランケ裁定を根拠とした基準は撤回されていないからである。同時に、ピアソンの「制度の修正は困難」との主張も見直す必要がある。「即時の大きな制度変化」は認められないものの、「重層化といった漸進的変化と以後の ECJ 解釈

への影響」は確認されたからである。

　これらの点をまとめると、中間者である ECJ は制度自体の改変は出来ないが、「転用」によって信託者たる加盟国に大きな影響を及ぼしうる。一方、制度変化の困難さから、加盟国は「重層化」といった漸進的変化による対応に留まらざるをえない。だが、「重層化」は制度を「転用」する ECJ の裁定に、撤回には至らないが、解釈の制限といった影響を及ぼす。また、「重層化」は条文の追加であることから、その撤回は加盟国にも困難と推測できる。ECJ の解釈をきっかけとして、制度を媒介とした相互作用が ECJ と加盟国の間に発生し、その帰結がフィードバックとして制度に少しずつ、しかし後戻りしにくい変化をもたらしていることが確認出来よう。

　この相互作用を通じたフィードバックモデルは、欧州統合過程研究に対し、従来注目されてきた「ECJ 裁定の撤回」といった見えやすい条約改定だけでなく、「ECJ 解釈の余地削減」といった微細だが確かに ECJ の裁量を制限する効果にも注目する必要を示唆する。見逃されてきた EU 諸機関と加盟国の相互作用関係をさらなる「重層化」事例の発見および因果分析によって解明し、その発生条件を漸進的制度変化類型研究によって補完することが今後の課題となろう。

付記
　本稿はグローバル・ガバナンス学会第 15 回研究大会部会 7 の報告ペーパーを加筆・修正したものである。部会でお世話になった臼井陽一郎先生、河越真帆先生、吉沢晃先生、原田徹先生、武田健先生、貴重なご指摘を頂いた 2 名の匿名査読者の先生方にこの場を借りて厚く御礼申し上げたい。
　本研究は、科研費（20K22073）および神戸大学国際文化学研究推進インスティテュート研究プロジェクトの助成を受けている。

【注】

（ 1 ）　便宜上、本稿では表記を EU に統一する。

（ 2 ）　Kenneth W. Abbott, Robert O. Keohane, Andrew Moravcsik, Anne-Marie Slaughter, and Duncan Snidal, "The Concept of Legalization," *International Organization*, Vol. 54, No. 3, 2000, p. 406.

（ 3 ）　Andrew Moravcsik, *The Choice for Europe: Social Purpose and State Power from Messina to Maastricht*（London: UCL Press, 1998）, pp. 67-77.

（ 4 ）　Paul Pierson, "The Path to European Integration: A Historical Institutionalist Analysis," *Comparative Political Studies*, Vol. 29, No. 2, pp. 131-140.

（ 5 ）　Andrew Moravcsik, "Preferences, Power and Institutions in 21st-century Europe," *Journal of Common Market Studies*, Vol. 56, No. 7, 2018, pp. 1665-1668.

（ 6 ）　Pierson, *op. cit.*, pp. 140-148. ECJ 裁定修正の困難さは Karen J. Alter, "Who Are the "Masters of the Treaty"?: European Governments and the European Court of Justice," *International Organization*, Vol. 52, No. 1, 1998, pp. 135-142 を参照。

（ 7 ）　James Mahoney and Kathleen Thelen, "A Theory of Gradual Institutional Change," in James Mahoney and Kathleen Thelen, eds., *Explaining Institutional Change: Ambiguity, Agency, and Power* (Cambridge: Cambridge University Press, 2010), pp. 1-37.

（ 8 ）　現在の正式名称は EU 司法裁判所（Court of Justice of the European Union）だが、便宜上、ECJ に統一する。ECJ が実際に欧州統合過程に及ぼした影響の例は、Karen J. Alter and Sophie Meunier-Aitsahalia, "Judicial Politics in the European Community: European Integration and the Pathbreaking Cassis de Dijon Decision," *Comparative Political Studies*, Vol. 26, No. 4, 1994, pp. 535-561 を参照。

（ 9 ）　本稿で取り扱う EU 基本条約とは、EC 設立条約である。しかし、アムステルダム条約によってナンバリングが変更されているため、便宜上、本稿ではアムステルダム条約によるナンバリングであることを「ToA 第〜条」として表記する。

（10）　Mark A. Pollack, *The Engines of European Integration: Delegation, Agency, and Agenda Setting in the EU* (Oxford: Oxford University Press, 2003), p. 172, n. 13、Stefan Griller, Dimitri P. Droutsas, Gerda Falkner, Katrin Forgó, and Michael Nentwich, *The Treaty of Amsterdam: Facts, Analysis, Prospects* (Wien: Springer, 2000), pp. 557-558.

（11）　Kenneth W. Abbott, Philipp Genschel, Duncan Snidal, and Bernhard Zangl, "Competence-Control Theory: The Challenge of Governing through Intermediaries," in Kenneth W. Abbott, Philipp Genschel, Duncan Snidal, and Bernhard Zangl eds., *The Governor's Dilemma: Indirect Governance Beyond Principals and Agents* (Oxford: Oxford University Press, 2020), pp. 3-36.

（12）　*Ibid.*, p. 6.

（13）　例えば Moravcsik 1998, *op. cit.*, pp. 73-77.

（14）　Abbott *et al.* 2020, *op. cit.*, pp. 11-15.

（15）　*Ibid.*, p. 14 を基に筆者作成。

（16）　Paul Craig and Gráinne de Búrca, *EU LAW: Text, Cases, and Materials*, seventh edition, (Oxford: Oxford University Press, 2020), pp. 220-223.

（17）　*Ibid.*, pp. 304-305.

（18）　Robert O. Keohane, Andrew Moravcsik, and Anne-Marie Slaughter, "Legalized Dispute Resolution: Interstate and Transnational," *International Organization*, Vol. 54, No. 3, 2000, p. 483.

（19）　Intergovernmental Committee of the Messina Conference, *Report by the Heads of Delegations to the Foreign Ministers*, 1956, pp. 16-19.

（20）　Abbott *et al.* 2020, *op. cit.*, pp. 8-9、Moravcsik 1998, *op. cit.*, pp. 73-77.

（21）　Pollack, *op. cit.*, pp. 166-169.

（22）　Abbott *et al.* 2020, *op. cit.*, pp. 21-22.

（23）　Alec Stone Sweet, *The Judicial Construction of Europe* (Oxford: Oxford University Press, 2004), pp. 25-26.

（24）　Pollack, *op. cit.*, pp. 175-179.

（25）　Joseph H. H. Weiler, *The Constitution of Europe: "Do the new clothes have an emperor?" and other essays on European integration*, (Cambridge: Cambridge University Press, 1999), pp. 27-29.

(26)　Abbott *et al.* 2020, *op. cit.*, pp. 14-15.

(27)　Abbott *et al.* 2000, *op. cit.*, pp. 401-408.

(28)　*Ibid.*, p. 409.

(29)　Abbott *et al.* 2020, *op. cit.*, pp. 14-15.

(30)　同時に、ECJ には法学的論理に則った解釈を示す必要が生じる（Stone Sweet, *op. cit.*, pp. 32-35）。

(31)　Keohane *et al.*, *op. cit.*, pp. 479-480, 481-485. 男女平等政策を含む EU 社会政策が拡大の事例と言える（Pierson, *op. cit.*, pp. 148-156）。

(32)　Mahoney and Thelen, *op. cit.*, pp. 15-18.

(33)　Jacob S. Hacker, Paul Pierson, and Kathleen Thelen, "Drift and conversion: hidden faces of institutional change," in James Mahoney and Kathleen Thelen, eds., *Advances in Comparative-Historical Analysis* (Cambridge: Cambridge University Press, 2015), p. 183, n. 2, pp. 185-186. 形式的な制度とは、「拘束力を持ち、第 3 者による強制が可能なルール」を指し、共有された理解や慣習に基礎を置く規範とは区別される。EU の文脈上、本稿では EU 法を形式的制度としている。

(34)　Keohane *et al.*, *op. cit.*, pp. 461-462.

(35)　Mahoney and Thelen, *op. cit.*, Table1.1 in p. 16 を基に筆者作成。

(36)　*Ibid.*, pp. 16-17, 傍点筆者。

(37)　濱口桂一郎『新・EU の労働法政策』（労働政策研究・研修機構、2022 年）、700-702 頁。

(38)　注 10 参照。また、ToA 第 141 条第 4 項の内容に関しては、注 72 を参照。

(39)　濱口、前掲書、1-4 及び 683-685 頁、Craig and de Búrca, *op. cit.*, pp. 933-938.

(40)　Case 450/93 *Eckhard Kalanke v. Freie Hansestadt Bremen* [1995] ECR I-3051, Judgment, para.16.

(41)　*Ibid.*, paras.18-19.

(42)　*Ibid.* para.20、黒岩容子『EU 性差別禁止法の展開：形式的平等から実質的平等へ、さらに次のステージへ』（日本評論社、2019 年）、173 頁。

(43)　*Kalanke*, Judgment, paras.21-22.

(44)　*Ibid.*, Judgment, paras.23-24.

(45)　European Commission, *Communication from the Commission to the European Parliament and the Council on the interpretation of the judgment of the Court of Justice on 17 October 1995 in Case C-450/93, Kalanke v Freie Hansestadt Bremen*, COM（96）88 final, 1996a, p. 3.

(46)　Catherine Hoskyns, *Integrating Gender: Women, Law and Politics in the European Union*, (London: Verso, 1996), pp. 197-199.

(47)　*Kalanke*, A-G Opinion, paras.9-11. 法務官の意見書は裁定を拘束しないが、大きな影響力を持つ（Craig and de Búrca, *op. cit.*, p. 91）。

(48)　Erika Szyszczak, "Positive Action After *Kalanke*," *The Modern Law Review*, Vol. 59, No. 6, 1996, p. 881.

(49)　Sacha Prechal, "Case C-450/93, *Eckhard Kalanke v. Freie Hansestadt Bremen* [1995] ECR I-3051," *Common Market Law Review*, Vol. 33, No. 6, 1996, pp. 1255-1256.

(50)　*Kalanke*, A-G Opinion, para.23.

(51)　*Ibid.*, Judgment, para.21.

(52)　「判例の尊重」から、注 30 で述べた法学的論理遵守の影響もあろう。

(53)　Prechal, *op. cit.*, p. 1255.

(54)　濱口、前掲書、687-693 頁、傍点筆者。

(55)　Hoskyns, *op. cit.*, pp. 103-105.

(56)　濱口、前掲書、715 頁。

(57)　European Commission 1996a, *op. cit.*, pp. 6-10.

(58)　*Agence Europe*, December 2-3, 1996, pp. 8-9.

(59)　濱口、前掲書、732 頁。

(60)　European Commission, *Proposal for a COUNCIL DIRECTIVE amending Directive 76/207/ EEC on the implementation of the principle of equal treatment for men and women as regards access to employment vocational training and promotion, and working conditions*, COM（96）96 final, 1996b.

(61)　Austria, *Document de Travail de la Delegation Autrichienne concernant l'Egalité de Traitement*, CONF/3841/96, 1996.

(62)　Sweden, *Equality between Women and Men: Proposals for Treaty Amendments*, CONF 3898/96, 1996.

(63)　European Commission, *Protocole Social*, CONF/3913/96, 1996c.

(64)　Spain, *Propuesta de España en la CIG sobre la Reforma del Tratado de la Unión Europea en Relación con el Principio de Igualdad de Hombres y Mujeres*, CONF 3928/96, 1996.

(65)　社会政策協定第 6 条第 3 項も「この条項は…（女性への優遇措置を）加盟国が実施・維持することを妨げない」としており、後述するように除外規定と見なされていた。

(66)　Irish Presidency, *Presidency suggested Approach*, CONF/3945/96, 1996a, pp. 7-8.

(67)　Irish Presidency, *Adapter l'Union Européenedans l'Intélêt de ses Citoyens et la Préparér pour la Future*, CONF 2500/96, 1996b.

(68)　Spain, *Note de Transmission: Principe d'égalié entre homme et femme,* CONF/3846/97, 1997、Austria, *Note de TransmissionM Propositions de modifications concernant les domaines des droits fonda,entaux ; de la non）discrimination et de l'égalité entre les hommes e les femmes*, CONF/3843/97, 1997、Finland, *Note de Couverture: la politique sociale et l'égalité entre homees et femmes*, CONF/3907/97, 1997.

(69)　European Commission, *Note de Dossier*, AB/PF/VG/bw D（97）, 1997.

(70)　黒岩、前掲書、178-179 頁、Griller *et al. *, *op. cit. *, pp. 161-167, fn.666.

(71)　社会政策協定では男女同一報酬原則、ETD は男女均等待遇原則からの除外である。

(72)　社会政策協定第 6 条第 3 項の英語原文は、"This Article shall not prevent any Member State from maintaining or adopting measures providing for specific advantages in order to make it easier for women to pursue a vocational activity or to prevent or compensate for disadvantages in their professional careers"、ToA 第 141 条第 4 項は、"With a view to ensuring full equality in practice between men and women in working life, the principle of equal treatment shall not prevent any Member State from maintaining or adopting measures providing for specific advantages in order to make it easier for the underrepresented sex to pursue a vocational activity or to prevent or compensate for disadvantages in professional careers"であり、下線部の文言追加

76

と二重下線部の変更が加えられている。しかし、ポジティブ・アクションが除外規定に含まれている点（"shall not prevent…"）に変更はない。

（73） *Kalanke*, A-G Opinion, para.2.

（74） Case 409/95 *Marschall v. Land Nordrhein Westfalen* [1997] ECR I-06363, A-G Opinion, paras.23-39.

（75） *Ibid.* , Judgment, paras.23-33.

（76） Kristina Küchhold, "*Badeck*: The Third German Reference on Positive Action," *Industrial Law Journal*, Vol. 30, No. 1, 2001, p. 120.

（77） Case 158/97 *Badeck and others* [2000] ECR I-1875, Judgment, para.14.

（78） *Badeck*, Judgment, paras.36, 41-44.

（79） *Ibid.* , paras.54, 60.

（80） Dagmar Schiek, "Positive Action before the European Court of Justice: New Conceptions of Equality in Community Law? From *Kalanke* and *Marschall* to *Badeck*," *The International Journal of Comparative Labour Law and Industrial Relations,* Vol. 16, No. 3, 2000, pp. 262-263.

（81） Case 407/98 *Abrahamsson and Anderson v. Fogelqvist* [2000] ECR I-05539, Judgment, paras.50-53.

（82） *Ibid.* , paras.54-56.

（83） Nuria E. Ramos Martín, "Positive Action in EU Gender Equality Law: Promoting Women in Corporate Decision-Making Positions," *Spanish Labour Law and Employment Relations Journal*, Vol. 3, No. 1, 2014, p. 28.

（84） *Abrahamsson*, Judgment, para.48.

（85） Case 319/03 *Serge Briheche v. Ministre de l'Intérieur, Ministre de l'Éducation nationale and Ministre de la Justice* [2004] ECR I-8807, Judgment, para.25. 但し、同段落では ETD 第 2 条第 4 項も実質的平等が目的としている（黒岩、前掲書、187-188 頁を参照）。

（86） *Briheche*, Judgment, paras.26-28.

（87） Mark Bell, "EU Anti-Discrimination Law: Navigating Sameness and Difference," in Paul Craig and Gráinne de Búrca, eds., *The Evolution of EU Law*, third edition, (Oxford: Oxford University Press, 2021), pp. 658-660.

（原田豪　神戸大学大学院国際文化学研究科学術研究員）

《論文》

ロシア制裁をめぐる EU の外圧の限界と可能性
—セルビアを事例に—

宮本　聖斗

はじめに

　2022 年 2 月 24 日のロシアのウクライナ侵攻後、EU（欧州連合）は対ロシア制裁を大幅に拡張し、その実施を EU 加盟候補国に強く求め始めた[(1)]。制裁実施が EU の共通外交安全保障政策（CFSP）に含まれ、CFSP 適合が EU 加盟条件だからである。しかし、セルビアは EU 加盟候補国でありながら、制裁実施を拒否してきた。その背景には、セルビア政府の制裁実施、および制裁実施を求める EU の外圧を各々制約する要因の存在があるが、ウクライナ侵攻前後の両制約要因の変化、その変化がセルビア政府の行動に与える影響は、管見の限り、十分に分析されていない[(2)]。

　本稿は、ウクライナ侵攻後の両制約要因の変化に着目し、制裁実施をめぐる EU の外圧の限界と可能性を分析する。具体的には、ロシア産天然ガス輸出停止の蓋然性の上昇、親ロシア世論の強化がセルビア政府の制裁実施コストを高めた一方、制裁不実施の最中における EU の投資と補助金の強化が制裁不実施のコストを減少させたことを示す。その結果、制裁実施を伴わない EU の外交方針への接近（の振り）がセルビア政府の利益に最も適うこと、またそうした外交が実際に行われている実態を指摘する。

　最後に、制裁実施を求める EU の外圧が機能する条件を考察し、本稿を締め括る。

1.　制裁実施と EU のコンディショナリティ

　制裁実施を含む CFSP 適合は、EU 加盟条件の一つである。加盟条件履行を促す際、EU は主にコンディショナリティを用いてきた。EU のコンディショナリティに関する研究は多く存在するが、本稿では、その中でも、加盟候補国政府の利害計算に基づく加盟条件履行に着目する外部インセンティブモデル（EIM）を適用する。

　EIM に則れば、コンディショナリティの有効性は、加盟条件履行に伴う報酬の蓋然性、加盟条件不履行に伴う脅し（報酬の留保と撤回）の蓋然性、政府を含む国内主体の抵抗や反発から生じる実施コストから主に説明され、報酬と脅しの蓋然性が高く、実施コストが低い場合に、加盟条件履行は最も進むと想定される[(3)]。

　EIM を適用する理由は、第一に、セルビア政府の加盟条件履行が、規範の受容ではなく、専ら利害計算に基づいてきた事実である[(4)]。EIM が加盟候補国政府の利害計算に基づく加盟条件履行を想定する点から、EIM とセルビアの事例の親和性は高いと考えられる。第二に、

78

規範の観点からの説明の妥当性の低さである。EIM への批判として、主権と国家性に抵触する加盟条件の規範的正当性の弱さから、加盟条件の不十分な履行を説明する研究がある(5)が、本稿が扱う制裁実施は主権と国家性に抵触する加盟条件とは言えない。第三に、コンディショナリティの有効性の低下は、EIM の説明力の低下を必ずしも意味しない。EIM が加盟条件不履行を予測し、それが観察されれば、むしろ EIM の説明力は高くなる。これに関連し、コンディショナリティの有効性の低下は長らく指摘されるものの、加盟条件履行を促す際、EU はそれ以上に有効な手法を持ち合わせてもいない。

　以上から、本稿での EIM の適用は妥当と考えられ、第 4,5 節では、実施コスト、報酬と脅しの蓋然性の順にウクライナ侵攻前後の変化を分析する。

2.　制裁実施をめぐるセルビア政府の立場

(1)　ウクライナ侵攻前

　2014 年 2 月のクリミア危機を受け、EU は制裁実施に踏み切ったが、セルビア政府は制裁不実施を貫いてきた。この立場は、近年セルビア政府の実権を握るヴチッチ（Aleksandar Vučić、首相在任：2014-2017 年、大統領在任：2017 年 -）の意向を反映している。

　彼は、政権維持と経済利益を重視する実利主義の政治家として知られ(6)、EU の制裁実施直後も、ウクライナの領土一体性を尊重し、CFSP に可能な限り適合しながら EU 加盟の道に残る方針を示す一方、ロシアとの政治、経済、歴史的繋がり、特にロシアとの経済協力の中断による金銭的損失の観点から、制裁実施は不可能と主張した(7)。この立場は、EU 加盟プロセスの方針にも反映され、2018 年 2 月のセルビア欧州統合省の「EU 法体系採択のための国家プログラム」は、EU 法体系の国内法化の計画を示す中で、「いかなる EU の対ロシア制裁への参加も、セルビアとロシアの二国間関係に重大な負の影響をもたらす(8)」と言及し、制裁実施を否定した。つまり、ヴチッチは、EU とロシア両方との関係強化から得られる利益の最大化を重視し、EU 加盟プロセスと制裁不実施の両立を目指してきた。

(2)　ウクライナ侵攻後

　ウクライナ侵攻後、上記の外交方針は基本的に継続する一方、EU の対ロシア外交の急激な硬化の中で、大きく三つの変化が観察される。

　第一に、ロシアを直接の対象とする CFSP への初適合である。例えば、ウクライナ東部のロシア軍増強に対する EU 外交安全保障上級代表（HR/VP）の非難宣言（2022 年 2 月 19 日）、プーチン大統領によるドネツク・ルハンスク州の独立承認に対する HR/VP の非難宣言（同年 2 月 22 日）、ロシアの対ウクライナサイバー攻撃に対する HR/VP の非難宣言（同年 5 月 10 日）(9)への適合である。また同年 3 月 12 日には、元ウクライナ政府高官に対する EU の制裁延長の決定に初めて適合し、クリミア危機関連の制裁に初めて適合した(10)。

　第二に、ロシアを非難する国連総会決議への賛成投票である。ロシアによる違法な軍事

行動の即時停止を求める決議（2022 年 3 月 2 日）、人道的災禍に対するロシアの責任を確認する決議（同年 3 月 24 日）、ロシアの国連人権理事会資格の停止を求める決議（同年 4 月 7 日）、ロシアによるウクライナ東部と南部 4 州の併合を非難する決議（同年 10 月 12 日）、そしてウクライナ戦争終結とロシア軍の即時撤退を求める決議（2023 年 2 月 23 日）の発出時、セルビアはいずれにも賛成票を投じた。これら決議は CFSP に含まれないが、ロシアの軍事行動を非難する点で共通する。クリミア危機からウクライナ侵攻前まで、セルビアがロシアを非難する国連総会決議に賛成票を投じてこなかった事実とは対照的である。

　第三に、将来の制裁実施の示唆である。ウクライナ侵攻翌日のセルビア国家安全保障会議の結論は、ウクライナの領土一体性を完全に支持し、武力による威嚇と武力行使を通じた領土一体性と政治的独立の侵害が国際法上大きな誤りと指摘しつつ、「ロシア連邦を含むいずれかの国に対し、制限措置あるいは制裁を課す必要性を考慮する際、セルビア共和国は死活的な経済・政治利益の保護のみを基準に行動」し、「近い過去に西側諸国の制裁を経験した国として、（中略）現時点でセルビア共和国はいずれかの国に制裁を課すことを死活的な政治・経済利益とは考えない」と言及した。これは概ね従来の外交方針の継続だが、他方で「現時点で」と言及した点に、将来の制裁実施を示唆する微妙な変化が見て取れる。

　ただし、ヴチッチは、基本的に制裁実施に否定的である。2022 年 12 月の公共テレビ局 RTS への出演時には、「死活的利益と国益が脅かされるまで、我々はできる限り耐える道徳的義務がある」と述べ、短期の制裁実施を否定した。翌年 2 月 2 日のセルビア議会の特別会合では、制裁不実施が望ましいものの、その方針を維持できるかは不明で、将来実施に迫られる可能性に言及し、また 3 月 10 日の政権寄りの民間テレビ局 Happy への出演時には、将来ロシアに制裁を課さないとは誓えないと述べる等、制裁実施を一段と示唆した時期があるが、これら発言の基調もあくまで制裁実施への反対姿勢である。同年 8 月 21 日のアテネ首脳宣言の起草時にも、彼は制裁実施に関する文言の削除を求めており、2023 年 8 月時点で、セルビアは制裁不実施の立場を変えていない。

3.　制裁実施をめぐる EU 機関の立場

(1)　ウクライナ侵攻前

　ウクライナ侵攻以前、セルビアの制裁実施をめぐる欧州委員会、EU 理事会、欧州議会の立場は、制裁実施を含む CFSP の漸進的適合の要求で一致していた。

　欧州委員会の EU 拡大交渉担当欧州委員のハーン（Johannes Hahn、在任：2014-19 年）は、2014 年 11 月のベオグラード訪問時、EU 加盟交渉を進める際にセルビアが制裁実施を含む CFSP の漸進的適合を法的に約束したと強調しつつ、その時点での完全適合を求めなかった。EU 理事会の一般理事会も、2014 年 12 月の EU 拡大と安定化・連合プロセス（SAP）に関する結論で「ロシアとウクライナのように、特に EU の主要な共通の利益が危

険に晒される問題に関し、EU の外交政策に漸進的に適合することの重要性を強調」し、あくまで CFSP の漸進的適合をセルビアに求めた。そして欧州議会は、2014 年 10 月の欧州委員会の「年次報告書（Progress Report/Report）」に対する決議で、CFSP 適合に向けた一層確固とした努力をセルビアに求め、制裁不実施の事実に遺憾を示した[20]。欧州議会の論調は、欧州委員会と EU 理事会に比べて厳しい面も見られるが、2019 年と 2020 年の「年次報告書」に対する欧州議会決議が「CFSP 適合の重要性と、EU 加盟プロセスの条件として CFSP が徐々にセルビアの外交政策の不可分の一部にならなければならないことに繰り返し言及」したように、CFSP の漸進的適合を要求していた[21]。

　EU 機関の立場の一致の背景には、セルビアの EU 加盟交渉枠組みが CFSP の漸進的適合を求める点に加え、CFSP 適合が優先度の高い加盟条件ではなかった点が挙げられる。逆に加盟条件の中で EU が優先してきたのは、法の支配の領域と呼ばれる「23 章」（司法と基本的権利）と「24 章」（正義、自由、安全）である。いずれの EU 機関も、「23 章」と「24 章」を、セルビアに関しては、加えて「35 章」（コソヴォとの関係正常化）を加盟交渉全体の進展を決定付ける条件に設定してきたが、CFSP 適合を加盟交渉全体の進展に関連付けはしなかった[23]。制裁実施の優先度は相対的に低かったと言える。

(2)　ウクライナ侵攻後

　ウクライナ侵攻後、EU 機関はセルビアに制裁実施を一層求めるようになった。しかし、どの程度、またどのように制裁実施を求めるかに関し、立場の分岐が目立ち始めた。

　欧州委員会は、2022 年 10 月のセルビアの「年次報告書」の中で、制裁不実施による CFSP 適合率の低下、それに伴う CFSP 適合の「後退（backsliding）」を初めて指摘し、その改善を強く求めた[24]。同日発表の「拡大戦略（Enlargement Strategy）」でも、CFSP の漸進的適合への優先的な取り組みに期待が示されたが、加盟交渉全体の進展を決定付けるのは「23 章」、「24 章」、「35 章」との立場は維持された[25]。

　一般理事会は、2022 年 12 月の EU 拡大と SAP に関する結論の中で、CFSP 適合の後退、特に制裁不実施に深い遺憾を示し、セルビアによる加盟交渉枠組みの約束の達成、最優先事項としての CFSP 適合の加速に強い期待を表明した[26]。ここには、CFSP 適合を一層求め始めたことが伺える一方、同結論では「23 章」、「24 章」、「35 章」が加盟交渉全体の進展を決定付けるとの認識を維持し、欧州委員会と歩調を合わせた[27]。

　欧州議会は、加盟プロセスに関する権限が非常に小さいが、欧州委員会と EU 理事会に比べ非常に厳しい立場を取る。2021 年の「年次報告書」に対する 2022 年 7 月の欧州議会決議は、CFSP 適合と法の支配でセルビアが必要な措置を取るまで新たな「章」の加盟交渉を開始すべきでないと指摘し、「法の支配と基本的権利の国内改革の進展、制裁を含む CFSP の完全適合、コソヴォとの関係正常化が EU 加盟の速度を決定する」と言及した[28]。これは CFSP 適合の優先度を「23 章」、「24 章」、「35 章」と同水準に高めたことを示す。CFSP の実施に関する 2023 年 1 月の欧州議会決議でも、「新たな［章］の加盟交渉はセル

表 1　ウクライナ侵攻前後の EU 機関の立場の変化

	CFSP 適合に求める水準	CFSP 適合と加盟交渉全体の進展との紐付け	EU の投資と補助金
欧州委員会	漸進的適合	無	増額支持へ
EU 理事会	漸進的適合	無	継続を支持
欧州議会	漸進的→完全適合	無→有	減額／停止支持へ

（出典）　筆者作成。

ビアが民主主義と法の支配の領域での改革の取り組みを強化し、CFSP の完全適合を示す場合のみ開始すべき[(29)]」と言及し、CFSP の完全適合を加盟交渉全体の進展に紐付けた。

　CFSP 適合に求める水準の差異は、制裁実施を促す手法にも反映されている。欧州議会は、加盟交渉全体の進展だけでなく、EU の投資と補助金、すなわち IPA（加盟前支援措置）と EIP（経済投資計画）の継続条件にも CFSP 適合を紐付け始めた[(30)][(31)]。対照的に、欧州委員会は、制裁不実施による加盟交渉の停止を否定し、セルビア向けの EU の投資と補助金を強化した[(32)]。そして一般理事会は、CFSP 適合を加盟交渉全体の進展や EU の投資と補助金に紐付けず、投資と補助金の継続を支持する形で、欧州委員会と歩調を合わせてきた[(33)]。

　一般理事会の立場の背景には、セルビアに寛容な EU 加盟国と厳格な加盟国の対立がある。寛容な加盟国の代表はハンガリーで、ウクライナ侵攻前後にわたってセルビアの迅速な EU 加盟を支持し、制裁実施に強く反対している[(34)]。対照的に、厳格な加盟国の一つがオランダで、2022 年 12 月 8 日のオランダ議会決議は、セルビアが制裁を実施しない場合、EU とのビザフリーの一時停止を EU 機関に働きかけるようオランダ政府に要求した[(35)]。EU 理事会は EU 加盟プロセスに関し全会一致で意思決定を行うため、制裁実施に寛容な立場と厳格な立場の加盟国が併存する状況では現状維持、すなわち加盟交渉および EU の投資と補助金の継続に落ち着くのが妥当である。

　以上から、ウクライナ侵攻以前はいずれの EU 機関も CFSP の漸進的適合を求め、CFSP 適合を加盟交渉全体の進展に紐付けなかった。しかし侵攻後、欧州議会は CFSP の完全適合を求め、それを加盟交渉全体および EU の投資と補助金の継続条件に設定した。対照的に、欧州委員会と EU 理事会は、侵攻前の立場を概ね維持し、欧州委員会は投資と補助金の強化に舵を切った。ここに、制裁実施をめぐる欧州委員会と欧州議会の立場の違いが鮮明となり、EU 理事会が欧州委員会の立場を間接的に支持する構図を見て取れる（表 1）。

4.　セルビア政府の制裁実施の制約要因—実施コスト

　セルビアでのロシアの影響力は、ロシア産エネルギーへの依存、コソヴォ問題、親ロシア世論に由来するとされる[(36)]。言い換えれば、制裁実施コストを高める要因群である。ウクライナ侵攻前後でこれら要因はどのように変化したのか。

　第一に、ロシア産エネルギー、特に天然ガスへの依存である。ロシア産天然ガスへの依存率は、2008年12月のロシアのガスプロムネフチによるセルビアのNIS（Naftna Industrija Srbije）の過半数株式の保有、2011年12月のロシアのガスプロムとセルビアガスによる10年間の割引価格での天然ガス供給契約の締結を皮切りに、ヴチッチの首相就任後も特に2021年1月のバルカンストリームの開通を通じて上昇してきた。その結果、2015年に8割だったロシア産天然ガスへのセルビアの依存率は、2021年にほぼ100%に達した。安価なロシア産天然ガスの輸入強化は、セルビアの経済利益の観点で合理的だが、同時に経済相互依存の観点からロシアに対するセルビアの脆弱性を増加させる。

　この脆弱性は、2022年4月末のガスプロムによるブルガリアとポーランドへの天然ガス輸出の停止、また同年7月以降の欧州向け天然ガス輸出の大幅削減の際に顕在化した。つまり、欧州向け天然ガス輸出が基本的に継続したウクライナ侵攻前と比較し、侵攻後は天然ガス輸出停止の蓋然性が高まった。その最中の同年5月末、ヴチッチはガスプロムとの間で、他の欧州諸国の3分の1、冬季には10分の1の価格で天然ガスを輸入する3年契約を締結し、ロシア産天然ガスへの依存を強めた。これらは、侵攻後のセルビア政府の制裁実施コストを増加させた要因と言える。

　他方、同年6月以降のアゼルバイジャン産天然ガス輸入の強化、10月のエネルギー輸入経路の多様化に向けた投資により、彼はロシア産天然ガスへの依存を減らす姿勢も見せ始めた。アゼルバイジャン産天然ガスは、セルビアの天然ガス需要の3割を賄うとされ、2023年末から供給開始予定である。またエネルギー輸入経路の多様化に向けては、セルビアの国家予算収入の約1年分に相当する120億ユーロが6年間に投資される予定である。ただし、アゼルバイジャン産天然ガスは、セルビアの国内需給の大半を賄うわけではなく、エネルギー輸入経路の多様化に向けた投資も、ハンガリー経由のロシア産石油輸入の強化を含む。よって、少なくとも2023年末まで制裁実施コストは低下せず、その後にロシア産エネルギー依存の低下による制裁実施コストの低下が実現する見込みも不確かである。

　第二に、コソヴォ問題でのロシアの支持の重要性である。セルビアの主要政党は、与野党共にコソヴォ独立を認めておらず、ヴチッチもそれを承認しない形でコソヴォとの関係正常化交渉を進めてきた。しかし、EU加盟国の大多数（22/27）がコソヴォ独立を承認する事実は、EU仲介下の関係正常化交渉におけるセルビア政府の交渉力を制約してきた。この観点で、ヴチッチは、コソヴォ独立に反対する国連安全保障理事会の常任理事国であるロシアの後ろ盾を用いて、関係正常化を求めるEUの圧力に対抗しようとしてきた。

　問題は、ロシア政府の立場が孕むご都合主義である。具体的には、ロシアによるクリミア併合、ロシアによるウクライナ東部ドンバス地方の二共和国の独立承認を正当化する際、ロシアのプーチン大統領はコソヴォ独立を援用してきた。この正当化の方法は、国際法の領土一体性原則に則ってコソヴォ独立に反対するセルビア政府には容認できない。ロシア政府が国際法原則に則らず行動するならば、コソヴォ問題をめぐるロシアの支持の不確実性は増す。すなわち、コソヴォ問題でのロシアの支持の重要性と不確実性は、制裁実施コ

ストを高める要因として機能し続けている。

　第三に、親ロシア世論の強さである。セルビアの親ロシア世論は、いわゆる西側諸国、特に NATO への反発に由来し、近年その強まりが指摘される。その背景には、選挙得票と対 EU 交渉力の増加を期待し、ヴチッチが政権寄りメディアの報道を通じて戦略的に親ロシア世論を醸成してきた事実がある。実際に彼は、自らが党首を務めるセルビア進歩党⁽⁴⁵⁾（SNS）と比較し、相対的に親 EU で穏健な親ロシアのいわゆる「リベラル野党」を厳しく攻撃してきた一方、反 EU で強硬な親ロシアの右派政党の政権寄りメディアでの露出を容認してきた。⁽⁴⁶⁾ウクライナ侵攻後には、西側諸国に同侵攻の原因を帰する政権寄りメディアの報道も相まって、親ロシア世論が一層高まった。⁽⁴⁷⁾

　実際に 2022 年 4 月の議会選挙の直前には、親ロシア世論の高まりの中、全ての主要政党が制裁実施への反対を表明した。⁽⁴⁸⁾議会選挙では、SNS の選挙連合が 2014 年以来初めて過半数を割った一方、反 EU で強硬な親ロシアのセルビア民主党（DSS）、扉（Dveri）、誓いの番人（Zavetnici）の選挙連合が予想より善戦した（表 2）。これら三政党は、制裁実施に強く反対し、前述の国家安全保障会議の結論における現時点で制裁を実施しないとの言及を批判している。⁽⁴⁹⁾すなわち、親ロシア世論の強まり、議会選挙での強硬な親ロシアの右派政党の善戦は、制裁実施コストを増加させたと言える。

　以上から、ウクライナ侵攻後、天然ガス輸出の停止の蓋然性の上昇、親ロシア世論の強化によって、セルビア政府の制裁実施コストは増加したと言える（表 3）。

表 2　SNS, DSS, Dveri, Zavetnici の議会選挙の結果⁽⁵⁰⁾

	2016 年			2022 年		
	得票数	得票率	獲得議席	得票数	得票率	獲得議席
SNS	1,823,147	48.25	131	1,635,101	42.96	120
DSS	190,530	5.04	13	204,444	5.37	15
Dveri				144,762	3.8	10
Zavetnici	27,690	0.73	0	141,227	3.71	10

（出典）　Spasojević, 2023: 274 を一部修正。

表 3　制裁実施コスト

	ウクライナ侵攻前	ウクライナ侵攻後
天然ガス依存	高い	増加（ガス輸出停止の蓋然性上昇）
コソヴォ問題	高い	変化なし
親ロシア世論	高い	増加（親ロシア世論の強まり）

（出典）　筆者作成。

5. EUの外圧の制約要因—報酬と脅しの蓋然性

　遅くとも2008年のユーロ危機後、新規のEU加盟見込みは縮小し、報酬の蓋然性は低下した[(51)]。また前述のように、ウクライナ侵攻以前、EUから見た制裁実施の優先度は相対的に低く、制裁不実施に対する脅しの蓋然性も低かった。ウクライナ侵攻後、これらの要因はどのように変化したのだろうか。

　第一に、セルビアのEU加盟見込みは変化していない。2022年6月にウクライナとモルドバ、12月にはボスニアが加盟候補国認定され、同年7月にはアルバニアと北マケドニアの加盟交渉が開始された。ここには、ウクライナ侵攻を受け、EU拡大を加速するEUの意志が見て取れる一方、セルビアの加盟プロセスに変化はない。セルビアが既に加盟プロセスの最終段階の加盟交渉途上にある点は留意すべきだが、EUがセルビアのEU加盟に向けた計画や日程を明示しない状態が続いている。つまり、セルビアのEU加盟見込みに変化はなく、この観点で報酬の蓋然性は変化していないと言える。

　第二に、制裁実施の優先度については、コソヴォとの関係正常化の最優先事項化と、制裁不実施中のEUの投資と補助金に分けて考えることができる。

　まず、コソヴォとの関係正常化の最優先事項化である。前述のように、「23章」と「24章」、および「35章」は、セルビアの加盟交渉全体の進展を決定付ける条件に設定されてきた。しかし、多くの研究は、EUが「35章」を最優先し、その他の加盟条件へのセルビア政府の取り組みに甘い姿勢を取ってきたと指摘する[(52)]。その背景には、セルビアの政党と市民の大多数が関係正常化への慎重または反対姿勢を示す中、ヴチッチが複数の関係正常化合意を締結し、さらにSNSの選挙連合が2014年以降過半数かそれに近い議席を獲得し続け、強固な政権基盤を維持してきた事実がある[(53)]。つまり、EUから見るヴチッチは、関係正常化を進められる数少ない政治家であり[(54)]、彼が関係正常化に取り組む限り、EUには制裁実施を含むその他の加盟条件履行を厳しく求めない動機が働く。

　現在のHR/VPのボレル（Josep Borrell Fontelles、在任：2019年 -）も、HR/VP就任直後の2020年4月に関係正常化担当のEU特別代表を新設し、関係正常化重視の姿勢を示してきた。彼らの関係正常化への関与は、2022年9月から12月までの自動車登録番号をめぐるコソヴォ北部のセルビア人自治体と「コソヴォ政府」間の対立の激化後、一層積極的になる。EU特別代表のライチャク（Miroslav Lajčák、在任：2020年 -）は、同年9月から約半年間にセルビアに8回、コソヴォに10回訪問する精力的なシャトル外交を展開し、2023年1月20日にはイタリアとドイツの首相顧問、フランス大統領顧問、アメリカの西バルカン特使と共にコソヴォとセルビアを訪問し、関係正常化合意草案の受諾を迫った[(55)]。この訪問では、同草案をヴチッチが受諾しなければ、EU加盟交渉、EUの投資と補助金、EUとのビザフリーを停止する旨が示され[(56)]、直後の2,3月に彼は新たな関係正常化合意を受諾した[(57)]。

　注目すべきは、同草案の受諾を求める際、ライチャクらが加盟交渉、EU の投資と補助金、ビザフリーの停止に言及したのに対し、制裁実施を求める際には、ボレルも EU 理事会もそれらの停止に言及せず、加えて後述のように、EU 拡大担当の欧州委員が制裁不実施による加盟交渉の停止を否定した事実である。関係正常化と CFSP を管轄し、欧州委員会と EU 外相理事会を対外的に代表する立場にある HR/VP ボレル、また彼から特別代表に指名されたライチャクが、加盟交渉、EU の投資と補助金、ビザフリーの停止を関係正常化にのみ紐付けて言及した事実は、制裁実施以上に関係正常化が優先される合図となる。つまり、関係正常化の最優先事項化は継続し、制裁不実施に対する脅しの蓋然性に変化はないと言える。

　次に、制裁不実施中の EU の投資と補助金である。セルビアへの EU の投資と補助金給付は、クリミア危機後の制裁不実施の中で継続されてきた。ウクライナ侵攻後の変化は、「西バルカンエネルギー支援パッケージ」の緊急予算支援、天然ガスパイプライン建設への融資、EIP の実施の加速等、特にエネルギーと交通インフラ分野の投資と補助金を欧州委員会が強化した点である。具体的には、エネルギー分野では、2022 年 2 月に着工されたセルビア等へのアゼルバイジャン産天然ガスの供給パイプラインの建設に対する欧州委員会と欧州投資銀行の 8 割の費用の共同出資、また 2022 年 11 月に欧州委員会が提案した「西バルカンエネルギー支援パッケージ」によるセルビアへの 1 億 6500 万ユーロの緊急予算支援が、また交通インフラ分野では、2023 年 2 月に欧州委員会が発表したセルビアの鉄道改築への約 16 億 5000 万ユーロの融資、および約 6 億ユーロの補助金給付が目を引く[59]。これらは、EU 加盟に直接結び付かないものの、EU 加盟プロセスの経済利益を示す方策である。

　こうした欧州委員会の立場は、フォンデアライエン委員長（Ursula von der Leyen、在任：2019 年 -）と EU 拡大担当委員のヴァルヘイ（Olivér Várhelyi、在任：2019 年 -）の発言に端的に示される。まず 2022 年 10 月のセルビア訪問時のフォンデアライエンの声明は、エネルギー分野の EU の投資と補助金の魅力を強調し、司法と汚職、コソヴォとセルビアの対話に言及した一方、制裁実施には言及しなかった[60]。アゼルバイジャン産天然ガスの供給パイプラインの建設現場で行われたこの会見で、エネルギー分野の投資と補助金の魅力を強調するのは自然だが、「23 章」、「24 章」、「35 章」のテーマに言及しながら制裁実施に言及しないのは、制裁実施が前景化したウクライナ侵攻後の文脈では不自然と言える。さらに、記者から加盟条件としての制裁実施に関する立場を質問された際、彼女は「CFSP 適合も重要」と述べるにとどめ、制裁実施には言及しなかった[61]。ここには、EU の投資と補助金の魅力を強調する一方で、制裁実施を後景に退けようとする彼女の姿勢が垣間見える。

　次にヴァルヘイは、2023 年 2 月の欧州議会の質疑で、制裁不実施がセルビアの加盟交渉停止に繋がらないと明言し、その理由に CFSP 適合の遅れと後退を根拠とする交渉停止の規定がセルビアの加盟交渉枠組みに存在しないことを挙げた[62]。しかし、2020 年 2 月に欧州委員会が発表した西バルカンへの EU 拡大に関する戦略文書は、加盟条件履行が深刻にま

表4　報酬と脅しの蓋然性

	ウクライナ侵攻前	ウクライナ侵攻後
EU 加盟見込み	低い（報酬の蓋然性）	変化なし
関係正常化の最優先事項化	低い（脅しの蓋然性）	変化なし
制裁不実施中の EU の投資と補助金	低い（脅しの蓋然性）	上昇（報酬の蓋然性） 低下（脅しの蓋然性）

（出典）　筆者作成。

たは長期間停滞する場合、あるいは後退する場合に、加盟交渉の停止とやり直しを想定していた[63]。その想定の適用範囲は、同文書が 2021 年 5 月にセルビアの加盟交渉枠組みに組み込まれた際、「23 章」、「24 章」、「35 章」に限定されたが、同文書の公表時、CFSP 適合[64]はその適用範囲から明確に除外されていなかった。さらに、制裁不実施による加盟交渉停止を否定するヴァルヘイの発言は、ウクライナ侵攻後に制裁実施を一層求める欧州委員会、ひいては EU の立場の信憑性を損ねる。すなわち、EU の投資と補助金の観点では、報酬の蓋然性が上昇した一方、脅しの蓋然性は低下したと言える。

　以上から、ウクライナ侵攻後、EU 加盟見込みと関係正常化の最優先事項化の観点では、報酬と脅しの蓋然性に変化はないと言える。他方、欧州委員会は制裁実施を一層求めながらも、制裁不実施による加盟交渉停止を明確に否定し、EU の投資と補助金給付を強化した。ここには、報酬の蓋然性の上昇と同時に、脅しの蓋然性の低下を見て取れる（表4）。

おわりに

　ウクライナ侵攻後、天然ガス輸出停止の蓋然性の上昇、親ロシア世論の強まりが制裁実施コストを高めた一方、制裁不実施の最中における EU の投資と補助金の強化が報酬の蓋然性の上昇と脅しの蓋然性の低下を導いた。つまり、制裁実施コストの増加と、制裁不実施コストの減少が生じたと言える。この条件において、EU 加盟プロセスの経済利益と制裁不実施の両立を望むヴチッチにとっては、制裁実施を伴わない EU の外交方針への接近（の振り）が最も利益に適うと予測される。

　実際に、ヴチッチ外交の三つの変化は、その予測と一致する。ロシアを直接の対象とする CFSP 適合は、EU が重点的に制裁を課すロシアの主体に実害を与えない範囲に限定された。次にロシアを非難する国連総会決議への賛成は、EU の外交方針への接近を象徴する一方、法的義務を伴うものではない。そして将来の制裁実施の示唆は、あくまで示唆に止まる。

　では、制裁実施を求める EU の外圧が機能する条件は何だろうか。政権維持と経済利益を重視するヴチッチによる親ロシア世論の醸成は、選挙得票と対 EU 交渉力の増加を、またロシア産天然ガス輸入の強化は、経済利益を狙う戦略的行動だが、同時に制裁実施が困

難な条件を自ら作り出し、EU の制裁実施圧力に抵抗する意図もあると推察される。ただし、欧州委員会と EU 理事会が立場を硬化させ、制裁不実施を理由に EU 加盟プロセスの経済利益、特に EU の投資と補助金を停止する場合には、その経済利益の大きさを認識する彼が制裁不実施を貫くのは困難になるだろう[65]。この観点で、2023 年 2,3 月の新たな関係正常化合意の受諾、および将来の制裁実施の示唆は、関係正常化を求める EU の期待に応えながら、EU の制裁実施圧力を緩和するヴチッチの戦略的行動だったと思われる。

　他方、欧州委員会による投資と補助金の強化は、中長期的なロシア産天然ガスへの依存度の低下、EU 加盟プロセスの経済利益の増加を導き、制裁実施コストを下げうる。しかし、制裁不実施を咎めない欧州委員会の姿勢が続く限り、ヴチッチはロシアと EU の両方から経済利益を獲得する動機を持つのが自然で、彼が制裁実施に傾く可能性は低い[66]。さらに、EU の強い制裁実施圧力は、全方位外交を志向するヴチッチ政権下では、セルビアの EU 離れを進める可能性を孕む[67]。つまり、脅しの蓋然性の上昇だけでは、制裁実施と同時に EU 離れの動機を生む可能性がある一方、報酬の蓋然性の上昇だけでは、制裁実施の動機を生み出しにくい。

　よって、セルビアの制裁実施を求めるならば、報酬と脅しの蓋然性を共に高める政治意志が EU に求められると思われる。EU とロシアの間で漁夫の利を狙うヴチッチに対し、EU は今後も困難な舵取りを迫られるだろう。

【注】
（1）　European Council, 2022, *European Council Meeting（23 and 24 June 2022）– Conclusions*, EUCO24/22, Brussels, 24 June 2022, p.2. 以下、特別な記述がない限り、制裁は EU の対ロシア制裁を指すものとする。
（2）　セルビアの選挙と政党制に対するウクライナ侵攻の影響の分析は、Vujo Ilić and Gazela Pudar Draško, 2022, "2022 Elections in Serbia: The Return of the Opposition?: Election Analysis," *Contemporary Southeastern Europe*, 2022, 9（2）, pp.1-14; Dušan Spasojević, 2023, "Balancing on a Pin: Serbian Populists, the European Union and Russia," Gilles Ivaldi and Emilia Zankina（eds.）, 2023, *The Impacts of the Russian Invasion of Ukraine on Right-wing Populism in Europe*, European Center for Populism Studies, March 8, 2023. Brussels, pp.267-276、同侵攻後のセルビア政党の外交姿勢と国内世論の分析は、Norbert Beckmann-Dierkes and Slađan Rankić, 2022, *Country Report: Serbian Foreign Policy in the Wake of the War in Ukraine*, Konrad Adenauer Stiftung, July 2022; Ivana Petronijević Terzić, 2022, *Where the Double Game of Government with European Integration has Brought us*, Demostat, Beograd, 13 Aug 2022、セルビアの親ロシア世論の分析は、Vuk Vuksanovic, et als., 2022, *Beyond Sputnik and RT: How does Russian Soft Power in Serbia Really Work?*, Belgrade Centre for Security Policy, Belgrade, December 2022、同侵攻から 1 年間のセルビア政治と EU の対セルビア政策の分析は、Keiichi Kubo, 2023, "A Push in EU Integration as a Silver Lining of the Ukraine Tragedy?: Insights from Bosnia and Herzegovina and Serbia," Jelena Džankić, Simonida Kacarska and Soeren Keil（eds.）*A Year Later: War in Ukraine and Western Balkan（Geo）*

Politics, European University Institute, Florence, Italy, pp.125-133; Milena Lazarević and Strahinja Subotić, 2023, "The Western Balkans' EU Odyssey: Charting a Course through Geopolitical Winds in the Quest for Accession," Jelena Džankić, Simonida Kacarska and Soeren Keil (eds.), *op. cit.*, pp.134-146 を各々参照。

（3） Frank Schimmelfennig and Ulrich Sedelmeier, 2005, "Conclusions: The Impact of the EU on the Accession Countries," Frank Schimmelfennig and Ulrich Sedelmeier, eds., *The Europeanization of Central and Eastern Europe*, Ithaca: Cornell University Press, pp.210-228. 報酬は、EU 加盟プロセスの進展に加え、EU の投資と補助金等の EU 加盟プロセスの経済利益をも含む。また EIM の各説明変数の重み付けを一国のみの分析で行うのは困難だが、EIM が当初想定した中東欧諸国と比較し、セルビアを含む西バルカン諸国では、実施コストの比重が増したと考えられる。Arolda Elbasani, 2013, "Europeanization Travels to the Western Balkans: Enlargement Strategy, Domestic Obstacles and Diverging Reforms." in Elbasani, Arolda. (ed.) *European Integration and Transformative Power in the Western Balkans: Europeanization or Business as Usual?* , Routledge, pp.3-21. 等を参照。

（4） Spyros Economides and James Ker-Lindsay, 2015, "'Pre- Accession Europeanization': The Case of Serbia and Kosovo," *Journal of Common Market Studies*, Vol.53, No.5, pp.1027-1044; Dejan Guzina, 2023, "Serbia after Yugoslavia: Caught between Geopolitics and Liberal Promises," *Geopolitics*, Vol.28, Issue.4, p.1603. 等を参照。

（5） Gergana Noutcheva, 2009, "Fake, Partial and Imposed Compliance: the Limits of the EU's Normative Power in the Western Balkans," *Journal of European Public Policy*, Vol.16, Issue.7, pp.1065-1084.

（6） Marko Stojić, 2018, *Party Responses to the EU in the Western Balkans: Transformation, Opposition or Defiance?* ,Palgrave Macmillan, pp.76-79, p.125.

（7） The Government of Serbia, 2014, "Serbia will Remain Factor of Stability in Region,"Belgrade/New York, 5 August 2014, https://www.srbija.gov.rs/vest/en/102841/serbia-will-remain-factor-of-stability-in-region.php; Balkan Insight, 2014a, "Serbia PM Defends Economic Ties to Russia," Belgrade, 19 November 2014. (2023 年 4 月 13 日閲覧)

（8） Ministry of European Integration Serbia, 2018, *National Programme for the Adoption of the Acquis: Third Revision*, February 2018, p.1275.

（9） Igor Novaković and Tanja Plavšić, 2023, *An Analysis of Serbia's Alignment with the European Union's Foreign Policy Declarations and Measures: Annual Report for 2022*, ISAC, Belgrade, February 2023 の付録を参照。

（10） *Ibid.*

（11） 以下の国連電子ライブラリーを参照。
https://digitallibrary.un.org/search?ln=en&cc=Voting+Data (2023 年 4 月 14 日閲覧)

（12） President of the Republic of Serbia, 2022, "Conclusion of the National Security Council of the Republic of Serbia Number 1-10/2022 from 25 February 2022," https://www.predsednik.rs/en/press-center/press-releases/conclusion-of-the-national-security-council-of-the-republic-of-serbia-number-1-102022-from-25-february-2022 (2023 年 4 月 14 日閲覧)

（13） *Ibid.*

（14） RTV, 2022, "Neće nam EU Ukinuti Bezvizni Režim; Opasnost da Vitalni Interesi Srbije budu

Ugroženi zbog Neuvođenja Sankcija Rusiji," Beograd, 15 Decembar 2022.

(15)　N1, 2023, "Vucic: We might Have to Impose Sanctions on Russia," 02 February, 2023.

(16)　Balkan Insight, 2023a, "Vucic Can't 'Swear' Serbia Will Not Join Sanctions on Russia," Belgrade, 10 March 2023.

(17)　Radio Slobodna Evropa, 2023, "Vučić: Srbija bila protiv Sankcija Rusiji u Atinskoj Deklaraciji," 23 Avgust 2023.

(18)　Balkan Insight, 2014b, "Hahn Tells Serbia to Join Sanctions on Russia," Belgrade, 20 November 2014; Euractiv, 2014, "EU Still not Pressuring Serbia over Russia," 20 November 2014.

(19)　Council of the EU, 2014, *Council conclusions on Enlargement and Stabilisation and Association Process*, General Affairs Council Meeting Brussels, 16 December 2014, p.2.

(20)　European Parliament, 2014, *European Parliament Resolution of 11 March 2015 on the 2014 Progress Report on Serbia (2014/2949 (RSP))*, P8_TA (2015) 0065.

(21)　European Parliament, 2021, *Report on the 2019-2020 Commission Reports on Serbia (2019/2175 (INI))*, Committee on Foreign Affairs, Rapporteur: Vladimír Bilčík, A9-0032/2021, 10 March 2021, p.18.

(22)　European Union, 2014, *General EU Position: Ministerial Meeting Opening the Intergovernmental Conference on the Accession of Serbia to the European Union*, Brussels, AD1/14, CONF-RS 1/14, 21 January 2014, p.12.

(23)　European Commission, 2019, *Serbia 2019 Report*, SWD (2019), 219 final, Brussels, 29.5.2019, p.3; Council of the EU, 2019, *Enlargement and Stabilisation and Association Process: Council Conclusions*, Brussels, 15033/21, ELARG 97, COWEB 169, 14 December 2021, p.11; European Parliament, 2021, *op. cit.*, p.8.

(24)　European Commission, 2022a, *Serbia 2022 Report*, SWD (2022) 338 final, Brussels, 12.10.2022, pp.134-135.

(25)　European Commission, 2022b, *2022 Communication on EU Enlargement Policy*, COM (2022) 528 final, Brussels, 12.10.2022, pp.5-6; p.36.

(26)　Council of the EU, 2022, *Enlargement and Stabilisation and Association Process – Council Conclusions*, 15935/22, ELARG 106, COWEB 190, COEST 914, Brussels, 13 December 2022, p.17.

(27)　*Ibid.*, p.15.

(28)　European Parliament, 2022a, *2021 Report on Serbia: European Parliament Resolution of 6 July 2022 on the 2021 Commission Report on Serbia (2021/2249 (INI))*, P9_TA (2022) 0284.

(29)　European Parliament, 2023a, *Implementation of the Common Foreign and Security Policy – Annual Report 2022: European Parliament Resolution of 18 January 2023 on the Implementation of the Common Foreign and Security Policy – Annual Report 2022 (2022/2048 (INI))*, P9_TA (2023) 0009.

(30)　IPA と EIP の詳細は、European Commission, 2020a, *An Economic and Investment Plan for the Western Balkans*, COM (2020) 641 final, Brussels, 6.10.2020, pp.1-2; p.5.

(31)　European Parliament, 2022b, *New EU Strategy for Enlargement: European Parliament Recommendation of 23 November 2022 to the Council, the Commission and the*

Vice-President of the Commission / High Representative of the Union for Foreign Affairs and Security Policy concerning the New EU Strategy for Enlargement (2022/2064 (INI)), P9_TA（2022）0406.

（32） European Parliament, 2023b, "Debates - Question Time（Commission）- Strengthened EU Enlargement Policy to the Western Balkans - Tuesday, 14 February 2023, Questions from Tomislav Sokol（PPE），" https://www.europarl.europa.eu/doceo/document/CRE-9-2023-02-14-ITM-015_EN.html（2023 年 4 月 15 日閲覧）

（33） Council of the EU, 2022, *op. cit.*, p.3, 8, 12.

（34） 東野篤子 , 2023,「ロシアによるウクライナ侵攻と中・東欧」日本国際問題研究所編『戦禍のヨーロッパ―日欧関係はどうあるべきか―』53 頁 ; Ministry of European Integration Serbia, 2023, "Miščević & Szijjártó- Hungary Supports Faster Integration of Serbia into the EU," Budapest, 21 February 2023. https://www.mei.gov.rs/eng/news/1831/more/w/0/miscevic-szijj-rt-hungary-supports-faster-integration-of-serbia-into-the-eu/（2023 年 4 月 15 日閲覧）

（35） European Western Balkans, 2022, "The Dutch Parliament Requests Suspension of the Visa-free Regime if Serbia does not Impose Sanctions on Russia," Hague, 09. 12. 2022.

（36） Vuk Vuksanovic, 2020, "From Russia with Love?: Serbia's Lukewarm Reception of Russian Aid and Its Geopolitical Implications," *LSE IDEAS*, June 2020, p.5.

（37） ジェトロ , 2021,「ロシアからトルコ経由の天然ガスパイプラインを延長する『バルカン・ストリーム』が開通」ウィーン発、2021 年 1 月 14 日

（38） Financial Times, 2022, "Serbia 'in a Hurry' to Ease Energy Dependence on Russia," Belgrade, 06 November 2022; Radio Free Europe, 2022a, "Will New Pipelines Get Russian Oil to Serbia?," 25 October 2022; Dimitar Bechev, 2020, "Russia: Playing a Weak Hand Well," Florian Bieber and Nikolaos Tzifakis eds., *The Western Balkans in the World: Linkages and Relations with Non-Western Countries*, New York: Routledge, p.195.

（39） ジェトロ , 2022a,「ブルガリア、ガス調達の多角化を目指す」ウィーン発、2022 年 5 月 9 日 ; 2022b,「欧州委、ロシア産ガス供給停止に備え、ガス需要削減計画と削減義務化規則案を発表」ブリュッセル発、2022 年 7 月 21 日

（40） Radio Free Europe, 2022b, "Vucic Says Serbia Secures Gas Deal with Russia Following Phone Talks with Putin," Belgrade, 29 May 2022.

（41） The Government of Serbia, 2022, "Serbia can Count on One Third of its Gas Needs from Azerbaijan," Belgrade, 21 December 2022, https://www.srbija.gov.rs/vest/en/199780/serbia-can-count-on-one-third-of-its-gas-needs-from-azerbaijan.php（2023 年 4 月 15 日閲覧）

（42） Predsednik Republike Srbije, 2022, "Obraćanje Predsednika Republike Srbije," Beograd, 8 Oktobar 2022. Godine, https://www.predsednik.rs/lat/pres-centar/vesti/obracanje-predsednika-republike-srbije-31437（2023 年 4 月 15 日閲覧）

（43） Valur Inglmundarson, 2022, "The 'Kosovo Precedent': Russia's Justification of Military Interventions and Territorial Revisions in Georgia and Ukraine," *LSE IDEAS*, July 2022, pp.10-13.

（44） Norbert Beckmann-Dierkes and Slađan Rankić, 2022, *op. cit.*, p.2.

（45） Maja Bjelos, et al., 2020, *Many Faces of Serbian Foreign Policy Public Opinion and Geopolitical Balancing, Belgrade Centre for Security Policy*, November 2020, pp.10-12.

（46） Spasojević, 2023, *op. cit.*, p.270.

(47)　Demostat の 2022 年 6 月の調査では、セルビア市民の 34% が EU 加盟を、33% が EU の外交政策への適合を支持した一方、51% が EU 加盟に反対し、80% が制裁実施に反対した。EU加盟反対派が賛成派を上回ったのは初めてである。Demostat, 2022, *Istraživanje Demostata: Spoljno-političke Orijentacije Građana Srbije*, 29 Jun 2022. https://demostat.rs/upload/Prezentacija%2029062022%20Demostat.pdf（2023 年 4 月 15 日閲覧）

(48)　Beckmann-Dierkes and Slađan Rankić, 2022, *op. cit.*, p.4.

(49)　Ilić and Draško, 2022, *op. cit.*, pp.9-10.

(50)　セルビア議会の総議席数は 250 で、2020 年に阻止条項が 5% から 3% に引き下げられた。なお、多数の野党が棄権した 2020 年の議会選挙は、比較材料として不適切なため除外した。

(51)　東野篤子 , 2017,「国際関係と政治―西バルカン諸国と EU・NATO―」月村 太郎編『解体後のユーゴスラヴィア』晃洋書房、190-191 頁

(52)　Branislav Radeljić, 2019, "Tolerating Semi-authoritarianism? Contextualising the EU's Relationship with Serbia and Kosovo," Jelena Džankić, et al.（eds.）*The Europeanisation of the Western Balkans: A Failure of EU Conditionality?* , Palgrave Macmillan, pp.157-180; Solveig Richter and Natasha Wunsch, 2020, "Money, Power, Glory: The Linkages between EU Conditionality and State Capture in the Western Balkans." *Journal of European Public Policy*, Vol.27, No.1, p.52.

(53)　Demostat, 2022, *op. cit*; Balkan Insight, 2022, "Serbia's Parliamentary Rightists Unite on Platform to Reclaim Kosovo,"20 October 2022.

(54)　Radeljić, 2019, *op. cit.*

(55)　EEAS, 2023a, *Belgrade-Pristina Dialogue: Press remarks by High Representative Josep Borrell after High-Level Meeting with President Vučić and Prime Minister Kurti*, Brussels, 27.02.2023; Predsednik Republike Srbije, 2023, "Sastanak sa Predstavnicima Evropske Unije, Sjedinjenih Američkih Država, Francuske, Nemačke i Italije," Beograd, 20 Januar 2023. Godine. https://www.predsednik.rs/lat/pres-centar/vesti/sastanak-sa-predstavnicima-evropske-unije-sjedinjenih-americkih-drzava-francuske-nemacke-i-italije（2023 年 4 月 15 日閲覧）

(56)　Balkan Insight, 2023b, "EU, US Piling Pressure on Serbia to Accept Kosovo Plan, Vucic Says," 24 January 2023.

(57)　EEAS, 2023a, *op. cit.*; EEAS, 2023b, *Belgrade-Pristina Dialogue: Implementation Annex to the Agreement on the Path to Normalisation of Relations between Kosovo and Serbia*, 18.03.2023, Ohrid.

(58)　The Western Balkans Investment Framework, 2022, *Energy Support Package for the Western Balkans*, 5 December 2022, p.2; European Commission, 2022c, *Statement by President Von der Leyen on the Occasion of Her Official Visit to Serbia*, 28 October 2022.https://neighbourhood-enlargement.ec.europa.eu/news/statement-president-von-der-leyen-occasion-her-official-visit-serbia-2022-10-28_en#:~:text=and%20Enlargement%20Negotiations-,Statement%20by%20President%20von%20der%20Leyen%20on%20the%20occasion%20of,have%20and%20our%20great%20cooperation.（2023 年 4 月 15 日閲覧）

(59)　Euractiv, 2023, "Serbia to Receive Largest-ever EU Grant to Rebuild Railway," 20 Feb 2023. この財政支援はセルビアに対する EU の単発の財政支援の中では過去最大額だった。

(60)　European Commission, 2022c, *op. cit.*

(61) フォンデアライエンと記者の質疑応答は、以下の動画から確認できる。　https://www.youtube.com/watch?v=10POzdfr19Y&t=1605s（2023 年 8 月 5 日閲覧）

(62) European Parliament, 2023b, *op. cit.*

(63) European Commission, 2020b, *Enhancing the Accession Process - A Credible EU Perspective for the Western Balkans,* COM（2020）57 final, Brussels, 5.2.2020, pp.5-6.

(64) Council of the EU, 2021, *Application of the Revised Enlargement Methodology to the Accession Negotiations with Montenegro and Serbia,* 8536/21, ELARG 26, Brussels, 6 May 2021, p.10.

(65) ヴチッチは、EU 加盟プロセスの経済利益を重視する一方、加盟プロセスの停滞をほとんど問題視していないと思われる。The Government of Serbia, 2023, "Preserving Peace, Stability Crucial Point in Policy towards Kosovo and Metohija,"Belgrade, 2 Feb 2023, https://www.srbija.gov.rs/vest/en/201393/preserving-peace-stability-crucial-point-in-policy-towards-kosovo-and-metohija.php（2023 年 6 月 9 日閲覧）を参照。

(66) この点で、EU の投資と補助金の継続条件に制裁実施を求める欧州議会は、脅しの蓋然性を補いうるが、加盟プロセスに関するその権限は非常に小さい。

(67) ヴチッチは、中国との経済・心理的紐帯を近年急速に強化し、中国の後ろ盾を梃子に EU の圧力に対抗する場面がある。これは、2017 年以降、中国やロシア等の影響力に対抗し、西バルカンでの影響力と利益の確保を重視する戦略を持つ EU が、彼に強い外圧を加えるのを躊躇う一因と思われる。Milenko Petrovic and Nikolaos Tzifakis, 2021, "A Geopolitical Turn to EU Enlargement, or another Postponement? An Introduction," *Journal of Contemporary European Studies,* Vol.29, No.2, pp.159-160.

【謝辞】
　本研究は、神戸大学国際文化学研究センターの 2023 年度「研究プロジェクト」の助成を受けて実施しています。

（宮本聖斗　神戸大学国際文化学研究科博士後期課程）

《論文》

グローバル・マイグレーション・ガバナンス再考
―動態分析へのアプローチ―

岡部　みどり

はじめに―グローバル・マイグレ―ション・ガバナンス研究の再検討

　本稿は、国際的な人の移動に関する問題を持続可能的に、また平和的に解決する統治枠組みとしてのグローバル・ガバナンス（以下、「グローバル・マイグレーション・ガバナンスまたは GMG」）を経験論的見地から再検討するものである。「グローバル・ガバナンス」という概念が普及し、その定義についての一定の収束がみられて以来、少なくとも国際政治学の領域においては、その実践の態様や変化についての分析や評価が期待されてきたように思われる。即ち、ポスト冷戦期に展開し、ネオリベラルな国際制度化と親和性を持ち、主に越境的な争点領域を取り扱い、非国家主体とりわけ国際機関の自律性またはそのリーダーシップを伴い、他方でアメリカ帝国主義的な意味合いを持つといった多様な側面を持つと概念化されてきたグローバル・ガバナンスが、いかに実践されているか、そしてその実践のあり方にいかなる変化が認められるか、という、その動態への関心が寄せられてきたと言えるだろう。[1] グローバル・ガバナンスという考え方が広く国際社会に知れ渡った現在においては、その変遷の諸相を時間的、空間的限定を施したうえで明らかにする必要がある。[2] とりわけ、「国際秩序を構成する主体と方法を開放」しグローバルな政治のあり方をその実態において把握する、というものがグローバル・ガバナンス研究の手続きであるならば、特定の国際機関が自律的な非国家主体としてその主導力を認められる条件、その国際環境についての考慮が改めて重要になる。[3]

　人の越境移動というイシューがグローバル・ガバナンス研究の対象に加えられて久しい。しかし、GMG の独自性を十分に見出すという目的に照らし合わせるならば、その研究は未だ発展の余地がある。これを踏まえ、本稿は GMG 研究の諸相を明らかにしたうえで、今後の研究動向を規定しうる昨今の国際構造上の変化に言及したい。

　GMG は、越境的な人の移動の問題を専ら「トランスナショナル」な問題として取り扱ってきた。つまり、マイグレーションは特定の国家や地域に限定されずに越境的に発生する、一国の能力では解決が難しい争点領域であるとみなされてきた。

　しかし、現実の国際政治においては、このような「トランスナショナル」な問題としての越境移動問題への対応は自明ではなく、従って、移民や難民の問題はその解決に向けた国際協力を当然に要請するものとはなっていない。つまり、越境移動問題は国家が単独で解決することが難しいのだけれども、他国がその苦境にある国家を支援する必然性もない

という問題である。したがって、苦境にある国家は越境移動者を寛大に受け入れるというだけでなく、その反対に、彼らを受け入れず、また人道的な保護も施さないという選択肢をも併せ持つ。この現実は、越境移動者の人権を擁護する視点とは真っ向から対立するものである。実際、あらゆる国家における既存の出入国管理や、移民／難民問題に対する国際協力のあり方についての批判は絶えることがない。しかし、現実政治において、人権NGO や難民支援団体など、いわゆる人権擁護重視派の持つ政治力が限られているため、彼らにとって望ましい形での GMG は未だ達成されていない。

ところが、それではこの状況が一方的に国家に利するものとなっているかというと、決してそうともなっていない。このことが GMG への理解を難しくしている。今日、先進国、途上国にかかわらず、難民や移民の問題を抱えていない国はほぼ皆無である。そして、「望まれない移民」や難民への対応に苦慮しているという状況は決して突発的なものではなく、少なくとも先進世界にとっては 30 年から 40 年余りの間解決できない問題となっている。これは 1981 年に連邦特別調査委員会が提出した「国益に照らした米国移民政策（"U.S. Immigration Policy in the National Interest"）」に端を発し、米国の学界を中心に議論が高まってきた経緯に明らかである。[4] このような、越境移動者本人にとっても彼らの出入国管理の権限を持つ国家の側にとっても好都合でないという現在の状況は、およそ GMG が志向するところとはかけ離れている。

1. 国際関係論アプローチの意義

この問題を検討するとき、国際関係論のアプローチを用いて GMG を捉え直してみるならば、どのようなことが言えそうだろうか。GMG についての諸々の議論の起点は、それが体系的、包括的な公式の国際制度（国際組織）を伴うものではないという現実への理解を起点とする。[5] 即ち、GMG は政府なき実践として展開されている、という主張である。アレックス・ベッツ（Alex Betts）とレイ・コズロフスキ（Rey Koslowski）は、それぞれ編者として 2011 年に *Global Migration Governance* と *Global Mobility Regimes* を著し、それぞれ GMG の存在論的意義を提起した。[6] これらの探究に共通する問題は、外国人労働者受け入れ、非合法移民対策、難民保護など、個別の政策分野間の関係をどのように評価するかということであった。ベッツは、政策領域ごとに国際連携の程度（公式なものと非公式なものを含む）、規模、そして主導者が異なることに注目しつつ、そのような濃淡があることが GMG の安定性を阻害しないと主張した。コズロフスキは、マイグレーション・レジームよりも広い（"more all-inclusive"）概念として移動レジーム（"mobility regime"）を捉え、国ごとの出入国管理―（長期）滞在の要件からパスポートやビザの取得にかかるコストまで―が、移民や難民その他の外国人の社会統合のあり方に少なからぬ影響を与えていると指摘した。[7]

これらのいずれも、互いに所掌範囲の重複を認めながらも、必ずしも統廃合に向かわず

に併存する多数のレジームの総体として GMG を理解している。しかしながら、その理解のあり方は、あくまでも政策間の整合性に焦点を置いたものとなっている。従来の研究においては、日々変化する越境労働に関わる問題を従来の国際機関が対処できない状況が批判されるが、その批判は国際機関の機構としての改革の必要性を喚起するところで終結している。言い換えるならば、それらは問題の複雑化、例えば、難民が何世代にもわたってキャンプの中での生活を強いられるといった長期化難民問題、政府からの迫害を受けている、もしくは政府から十分な身分保障や生活保護を受けられないものの国内に留まっている人々即ち国内避難民の問題、国内において存在を認められていない無国籍者の問題、違法入国や滞在を志向する人々やその幇助者への対応の問題などが、それぞれ越境移動者の保護という観点から語られる。そして、そうして浮上した問題に対応するための政策／プログラムが提唱され、組織改革の必要性が提起される。このような問題関心においては、GMG がその実現可能性についての検討がなされないまま、あらゆる越境移動問題を包括的に解決する枠組みとして諸々の分析の前提に置かれている。つまり、そのような包括的な問題解決枠組みとしての GMG は確かに望ましい理想の形ではあるものの、なぜその理想に現実が追いつかないか、という問題に対峙した研究とはなっていないわけである。

　このような問題提起のあり方、またそれに至るまでの分析のあり方において決定的に欠落しているのが、行為者への着目である。つまり、それらは、誰が国際的な政策やプログラムを立案し、運用しているのか、また、誰が国際機関の組織改革を提唱し、また実現する意図や能力を持っているのか、という問題意識に基づく考察とはなっていない。

　これに対し、ラヘル・クンツ（Rahel Kunz）、サンドラ・ラヴヌー（Sandra Lavenex）、マリオン・パニッツォン（Marion Panizzon）らは、グローバルな規模での出入国管理政策が欧州連合（EU）など相対的に力の大きな行為主体の利益に沿うように構成されうる、という視点を投じている。[8] これは、GMG の主体に着目した研究として意義のあるものである。とりわけ、ラヴヌーは、EU がその加盟候補国に対して、交渉時点における EU 加盟国の庇護審査負担を肩代わりすることを加盟の条件とするような交渉を展開する中で、加盟候補国への外交力を行使しているという考察を行っている。[9] この考察の中では、GMG は EU を頂点に置く階層的なガバナンス（" Multilayered governance"）として想起される。しかし、ここでの議論は、あくまで欧州統合が対外的外交力としての力を発揮する局面に限られたものであり、一般化された議論ではない。つまり、EU への加盟を希望する国が交渉相手である場合にのみ、EU を頂点に置く階層的な力関係が生じうる、ということを示したに過ぎない。[10]

　また、前述のベッツは、GMG を「レジーム複合（" regime complex（ity）"）」の議論として展開する。[11]「レジーム複合」議論そのものは、周知のとおり、ある争点領域において複数の国際レジーム／制度が重複し、ものによっては相互矛盾的に併存しており、その併存状態はグローバルなレベルにおける垂直的な秩序形成に当然に向かうものではないという発見を起点とするものである。

しかしながら、ベッツは、「難民レジーム複合体（"Refugee regime complexity"）」の議論においては、UNHCR がその複合レジームを主導する役割であるという前提を置く。これは、レジーム間に垂直な（階層的）秩序が存在しないという考察とは相容れない。また、この観点は、国家がその外交戦略において複数の国際レジーム（あるいはフォーラム）をいかに利用するか、という問題に回答を与えてくれるものとはならない。さらに、ベッツは、（特にポスト冷戦期の）UNHCR が他のレジームとの連携を通じて関与国から多様な影響を受ける結果、UNHCR の正当性が失われていく、と議論する。しかし、ここで問われるべき UNHCR の正当性とは一体どのようなものであろうか。それは、UNHCR があくまで法的機関である、ということなのか。それとも、難民保護のために与えられたマンデートが完徹できない、ということなのか。

ベッツの議論の不明瞭さは、分析や批判の対象が国際レジーム（国際機関）そのものなのか、それともそれを構成する国家であるのかが明確ではないということと同義である。彼は、UNHCR が難民レジーム複合体としての GMG の主たる行為主体であるという前提を無批判に置きながら、他方で、防災、平和構築、開発援助、越境犯罪対策などの分野の各レジームとの併存、連携に言及している[12]。そのうえで、UNHCR が他のレジームに優先されるのは、行き着くところそれが難民保護のエージェンシーであるから、という、いわばトートロジー的な説明に終始している。そして、それぞれのレジームの連携がどのような経緯で成立し、国家にどのように利用されているか、あるいはいかに国家の行動を拘束しているか、といった論点が説明しつくされていない。

確かに UNHCR が GMG を主導していた、あるいはそのようにみえた時期はあった。しかし、それは、UNHCR の自律性やパワーを恒常的、また絶対的に表すものではない。したがって、果たしてどのような国際環境の下に UNHCR による主導が可能になったのか、まずはその経緯や条件を明らかにすることが求められるのである。

2.　複合レジームとしての GMG ─先行研究の限界

複合レジームとしての GMG という見地からは、非階層的、重複的な複数のレジームが併存する中、そこに関与する国家が自国の利益にかなうような政治行動をする可能性が検討される。つまり、ここでの GMG の行為主体は国家であり、GMG は国家行為の結果と理解される。

しかし、ベッツの議論にとどまらず、難民レジームやその複合体についての主要な議論においては、UNHCR があたかも自律的な行為主体であるかのように捉えられてきた。このような理解はいったいなぜ生まれてくるのだろうか。

本稿では、この理由を、行為主体としての国家の登場と退場、という観点から検討する。そして、この関連において、ポスト冷戦期の越境移動者の管理においては、それまでとはうってかわって非政治的な、すなわち極めて技術的な行為主体による関与が支配的になっ

た、ということを改めて主張したい。

3.　GMG と行為主体―非政治性と政治性の交錯

　まず、戦争の終結、とりわけ敗戦国の「帝国」崩壊に伴う人の（越境）移動が顕著であった。第二次世界大戦後、そして冷戦期の国際協力体制を振り返ってみたい。この時期には、脱植民地化のプロセスの一環としての非欧米地域での新興国家が誕生し、それに伴う混乱や紛争が新たな、そしてときに大規模な人の移動を発生させた。これに並行して、戦争により大幅に人口が減少した欧米先進国での労働需要に応える形での人の移動も目覚ましかった。

　このような多様な人の越境移動現象の中で、「難民保護」とは極めて政治的に選択された。また、その対応はもっぱらアド・ホックで、かつ暫定的なものであった。[13] 1951 年難民条約と UNHCR が標榜する国際難民レジームは、第二次世界大戦後の欧州の難民問題の解決を目的とし、冷戦構造を背景とした米国の強い政治的コミットメントを反映する形で誕生した。[14] そして、1967 年の難民の地位に関する議定書（「ニューヨーク・プロトコル」）は、（アジア）アフリカ大陸における脱植民地化に伴う国家建設の際に生じた紛争に伴う人の移動の問題を対象としていたものの、それもあくまで冷戦構造の文脈の中で、覇権国である米国の利益に直結するものとして成立した。[15] また、労働力の移動は財や資本の移動に自然発生的に付随するものとされ、国家にとっての死活的な利益にかかわるものとはみなされなかった。[16]

　このような政治的文脈の中で、途上国における人の移動は、それが米ソ対立に関わるものでない限り、普遍的な国際保護の対象にはならない、という名目が貫かれてきた。しかし、現実においては、インド・パキスタン戦争にとどまらず、脱植民地化の過程において生じた第三国世界の中での戦争や対立の結果としての人の越境移動問題は深刻さを増していった。それらは、難民条約やその改正をめぐる議論において特にアジア諸国から提起されたにもかかわらず条約の中に明文化されることもなく、また解釈の範疇に置かれることもなかった。つまり、冷戦構造下において存在しないものとして取り扱われた。[17]

　こうして、「世界規模」とされる難民保護レジームは、その内実においては極めてヨーロッパ限定的で、かつ冷戦期の米ソ二極構造を背景に置く体制として発足した。これは一方では、アジア諸国による 1951 年難民条約及び 1967 年同条約改正への「拒絶（rejection）」という形での不参加を促した。[18] 他方で、アフリカや中米では、それぞれ「アフリカ連合（OAU）難民条約」（1969 年）、「難民に関するカルタヘナ宣言」（1984 年）という形で地域規模における難民保護体制が発足した。なお、パレスチナ難民に対しては国際パレスチナ難民救済事業機関（UNRWA）という独自の国際協力体制が既に 1949 年に整備されていた。これらの体制はときに前述のような「世界規模」の難民保護レジームを補完するものとみなされており、それはある程度的確な評価であるだろう。しかし、そのような補完的なレ

ジームを作らざるを得なかったのは、アフリカや中米における難民問題が直接米国の対ソ外交政策（戦略）上の利益につながらなかったから、と言えるかもしれない。そうとはいえ、地域規模の難民問題協力枠組みを作らず、ジュネーブ難民条約（及び改正議定書）にも参加せず、この分野における内政不干渉原則を徹底している南アジア、東南アジア諸国の状況とはすこぶる対照的である。

このように、「世界規模」と名目上謳う難民保護体制は実際のところはいびつな形で成立したが、それは他方では、米ソ対立に関わらない難民保護については、米国は無関心を貫いたことを意味している。そして、そのようないわば政治的真空の領域に UNHCR が（少なくとも当初は）非政治的、技術的な行為主体として入り込み、その影響力を拡大させていったと考えられる。この例として、一つには、「斡旋（Good Office）」やガイドラインの策定を通じて独自の難民保護や支援を実施していったこと、そして、もう一つには、緒方貞子高等弁務官（当時）が尽力したところの、国内避難民（IDPs）など従来の難民の定義に該当せずとも国際的な保護が必要とされる対象を拡大し、それに対応するための複数の国際レジーム間の協力体制を整備したことなどが挙げられよう。[19]

実際、冷戦後米国の対共インセンティブが大きく失われた国際構造の中、とりわけ 1990 年代の国際機関のリーダーシップには目覚ましいものがあった。この中で、越境移動者の保護を目的とする国際協力体制をいかに構築するか、という議論は、国際機関の職員、アカデミア、NGO などを中心とする人々による会合の蓄積を通じて国際機関のプログラムとなり、実践されていった。

このプロセスについての評価は分かれている。赤星聖は、プリンシパル＝国家がエージェント＝国際機関に委任をした結果であると分析する。[20]また、マーティン・ガイガー（Martin Geiger）とアントワンヌ・ペクー（Antoine Pécoud）は、これを主に発展途上国の社会化や学習を要求する「しつけ（disciplining）」のプロセスであると説く。[21]しかし、いずれの議論も国際機関のプログラム立案の段階への十分な検討を伴うものとはなっていないようである。これに対して、本稿は、この立案プロセスを努めて非政治的な、エピステミック・コミュニティによる政策形成過程であるとしつつ、この点がまさに GMG の際立った特徴であると捉える。理由は次のとおりである。

まず、1990 年代においては、UNHCR、国際移住機関（IOM）、国際労働機関（ILO）など関連する諸々の機関内部における議論が頻繁に行われた。とりわけ、アフリカからヨーロッパへの越境移動者が急増した 1980 年代後半以降の状況を踏まえ、難民現象の原因を、迫害にとどまらず貧困や国家の統治機能不全、ひいては紛争と関連づける議論が注目されるようになった。端的な例として、1990 年に"Aid in place of migration?"と題する文書が発出されたが、これは ILO と UNHCR の共同会合に向けられたケーススタディであった。[22]そして、その分析は、アリスティッド・ゾルバーグ（Aristide Zolberg）やフィリップ・マーティン（Philip Martin）ら米国の移民研究者によるものであった。

また、1991 年より緒方貞子が国連高等難民弁務官に就任したが、彼女が直接にコンサル

タントとして指名したのが、これも米国の移民研究者であるジェイムズ・F・ホリフィールド（James F. Hollifield）であった。⁽²³⁾このホリフィールドも参加する形で、2000 年に *Managing Migration: Time for New International Regime* と題する著書が出版されたが、この編者であるビマル・ゴーシュ（Bimal Ghosh）は、米コロンビア大学、ジュネーブ国際開発研究大学院などで教鞭を取りつつ、国連開発計画（UNDP）、世界銀行、UNHCR、IOMなどで勤務した経験も持つ。⁽²⁴⁾

　この時期は、欧米主要国において移民（難民）研究所が数多く生まれた時期でもあった。オックスフォード大学は一足早く 1980 年代に難民研究センターを設けたが、1990 年代以降には、ジョージタウン大学、カリフォルニア大学など米国の複数の大学に附属の移民研究所が設立された。⁽²⁵⁾また、同時期（〜2000 年代）には、越境移動研究所（Migration Policy Institute: MPI）など、難民や移民問題に特化した非営利中立のシンクタンクも生まれた。⁽²⁶⁾このような研究所やシンクタンクは有効なフォーラム（情報及び意見交換の場）となっただけでなく、越境移動管理のためのさまざまなプロジェクトを生み出す知的源泉ともなった。例えば、MPI 創立者であり政治学者でもあるデメトレオス・G・パパデメトリオウ（Demetrious G. Papademetriou）は、緒方貞子をはじめとする UNHCR 関係者、IOM, ILO 関係者ならびに EU の司法内務当局（カウンシル、欧州委員会スタッフ）とこのシンクタンクを通じて密接な連携を図ってきた。⁽²⁷⁾このほか、前述のゴーシュが「秩序ある人の移動（NIROMP）」と呼ばれるプロジェクトを生み出すきっかけや、「マイグレーション・マネジメント」という概念が生まれたのも、このようなフォーラムを通じてのことであった。なお、「NIROMP」、「マイグレーション・マネジメント」という概念はいずれも、人の移動の権利を保障しつつも同時に国家が人の入国を制御することができる条件を探求しようとする政策目標の規範的支柱となっている。

　そして、この越境移動管理という政策分野の「非政治性」が見受けられるもう一つの特徴は、このフォーラムに参加する国家主体が、いわゆる国家の外交当局ではなく、もっぱら司法内務（入管業務）への従事者であったということである。とりわけこのフォーラムへの熱心な参加者は EU 加盟国や EU のスタッフであったが、ルーベン・ザイオッティ（Ruben Zaiotti）が指摘するように彼らは入管業務を専門に取り扱う司法内務部門の職員であり、その連携は独特の、かつ彼らだけに共有されるような文化を基底に置くものであった。⁽²⁸⁾もちろん、彼らは司法内務関連省庁の担当者としてそれぞれの出身国から権限を委任されており、国家主権を完全に放棄して他国と協調することを志向したわけではない。したがって、完全に政治性が削がれた国際協力であるわけではない。そうではあるものの、そこで担保された政治性は、通常の外交における国益追求を目的とする政治性とは質が異なるものであった。即ち、それは、自国が自律的にコントロールできない人の移動の問題、とりわけ不法入国や滞在に関する問題をいかに解決するかということに端を発するものであった。そして、問題解決の方法を探る中で、他国との協力（ラヴヌーの言葉を借りれば他国への「責任転嫁」）を実現可能な政策に落とし込むことが優先課題となっていった。

　こうして、前述の「フォーラム」は、極めて技術的に、しかし非政治性を無意識に装いながら越境移動問題の解決を志向するエピステミック・コミュニティ、それを実現可能なプロジェクト／プログラム化しようとする国際機関、そして、自国の問題解決のために利用しようとする各国司法内務担当官僚が集う機会となった。当初は、EUやその加盟国、また米国（知識人）を中心とする参加者が支配的であったため、NIROMPプロジェクトもマイグレーション・マネジメントも先進国の問題解決手段として提起された。しかしながら、エピステミック・コミュニティは実現可能性を重視したため、先進国の抱える問題解決には越境移動者の出身国や経由国である途上国の協力が不可欠であるという認識が共有された。つまり、越境移動の「秩序」の維持や（移動の）マネジメントを有効にする条件は途上国側にあるということが明らかになったわけである。このときにようやく、難民保護、移民管理のための国際協力が先進国、途上国の双方を巻き込む外交アジェンダに捉えられたのである。

4. GMG の展望―移民外交（Migration Diplomacy）の展開への着目

　GMG は、エピステミック・コミュニティ、そして「非政治的」で技術的なネットワークを経て、いよいよ外交アジェンダとなった。具体的には、越境移動問題を開発協力、のちに防災や平和構築等他の政策分野とリンクさせる形で解決するという戦略が実施に向けて動きはじめたことが変化の始まりであった。ベッツが論じる「難民レジーム複合」はまさにこの意味で重要なのであった。つまり、レジーム複合は政策間の連携が技術的に成功するか、という問題として、というよりも、むしろ、そこに参加する行為主体の多様化を促し、これに伴いフォーラム＝ショッピングの機会も増加した、という観点において意義があり、分析されるべきなのである。

　転機は、このレジーム複合が国連総会の中で展開されたことで生じた。2006 年に、総会において 130 カ国の支持を得た「人の国際移動と開発に関する国連ハイレベル対話（UN High Level Dialogue on International Migration and Development: HLD）」が発足した。総会参加国は「人の移動が（主に途上国の）開発に与える利益を最大化するための良策について検討する」というアナン国連事務総長（当時）の声明に賛同したが、そのために必要な具体的な措置について話し合うことはなかった。[29] それは参加国が消極的であったとか、この問題に無関心であったということではなく、開発と人の移動という異なるレジームの組み合わせを国益追求にいかに繋げるか、という参加国の思惑の隔たりから生じる慎重さの現れであった。

　ここに、3 つの種類の移民外交（Migration Diplomacy）、つまり移民管理を国益につなげる目的において志向される外交が展開している。「移民外交（Migration Diplomacy）」という概念は EU の対外関係（external relations）構築の考察を通じて見出されてきた。[30] また、同時期に、移民（難民）管理が独裁者や機会主義者による外交取引に悪用されてきたとい

う、言わばマイグレーション問題の兵器化（weaponization）の考察も生まれた。これを受け、「移民外交」の概念は国益追求のより広範なパターンを考慮した包括的なものとなった[32]。一連の展開は極めて興味深いものであるが紙幅の制約のため本稿では取り上げない。

　さて、移民外交の第1の種類は、EU 加盟国など、受け入れ人数の削減を目的とする、かつ国際構造における相対的なパワーの大きな国々が志向する外交である。それは、将来的な経済連携の可能性を含む開発援助や平和構築への関与を行うことで、当該国に出入国管理の肩代わりを要請する、もしくは当該国から（欧州へ）移住しようとする人々のインセンティブを失わせるという戦略である。例えば、EU は 2000 年代より、周辺地域（西バルカン、北アフリカ、トルコ、中東など）への経済協力を約束する代わりに EU への移民圧力を抑えるための出入国管理の協力を要請しているが、これをバイラテラルなベースで行うだけではなく、拠出金を紐づけることで UNHCR など国際機関を通じたマルチラテラルな協力体制まで発展させている[33]。

　第 2 の種類の移民外交は、特に途上国側が展開する、より定期的、持続的に欧米先進地域への労働移動を実現させることで、移民の海外送金を国家財政基盤の安定化に役立てようとする思惑に基づく戦略である。例えば、2013 年の HLD 会合において、バングラデシュ代表は、HLD が IOM の主導するアジア地域レベルでのマイグレーション・ガバナンス枠組みである「コロンボ・プロセス」を十分尊重するものであるべきだと主張した[34]。ここでは、移民労働者の人権擁護、という観点から単純労働の循環移動を先進国側が保証することが目指された。会合後の宣言では人権の擁護の必要性については総論的に同意されたものの、循環移動を含めた移民送り出しを促進せざるを得ない途上国の状況については「認識する（recognize）」必要性を喚起するのみにとどまったわけであるが、単純労働力が先進地域に必要とされている実態が認められる限り、同様の主張は依然として途上国発信の移民外交の主要なアジェンダであり続けている[35]。最も端的には、それは 2018 年 12 月に国連総会が採択した「移民についてのグローバル・コンパクト」の中に息づいている。

　そして、第 3 の種類の移民外交は、国家主体ではなく国連など国際機関や NGO を行為主体とするものである。これは当然に特定の国益を追求するものではない。そして、一義的には、ベッツも指摘するとおり、国際機関や NGO の存続そのものを直接の目的とするものである。GMG との関わりにおいて国際機関が立案し、実践するプロジェクトやプログラムは、本来、弱者であるところの移民や難民の保護や支援を目的とする。しかしながら、その実践のあり方は参加国との力関係に大きく依存する。

おわりに

　本稿では、行為主体へ着目することで GMG の特殊性を明らかにした。この意義は以下の通りである。まず、難民保護を相対的に捉えることの重要性が喚起された。従来、難民とそれ以外の人の移動を分けて考える必要があるという言説が支配的であった。そしてそ

の理由は、難民は政治的背景を持つ、かつ人道的支援が必要な人々であるから、というものであったように見受けられる。これは、難民性についての理解としては妥当であろう。しかし、本稿では、実際にどの人が難民としての法的地位を得るか、という問題との関わりにおいては、そもそも難民の定義が国際政治の動向に大きく依存するものであった、ということへの再認識が必要だということを示した。

そして、本稿は、GMG が、現実の国際政治の展開がゆえに極めて狭く定義されてしまった難民以外の越境者をいかに国際社会が保護または支援していくかという一連の試みであることも明らかにした。米国の無関心がある意味好機となり、学者を中心とするエピステミック・コミュニティが国際機関の政策形成に重要な役割を果たすことに成功した。同時に、UNHCR をはじめとする国際機関はこのような政策立案や実施を積み重ねることで自律的な行為主体性を高め、特に 1990 年代においては GMG の実質的な主導を行うことができた。本稿はまた、このような国際機関の自律性や主導的な役割は自明ではなく、出入国管理がしばしば開発やその他の政策領域と組み合わさる形で外交アジェンダとして認識されるようになると、むしろ国家による利害調整の場としてのフォーラムの側面を色濃く反映するようになっていることも示した。この点は、国際機関の存続に関わる問題としても示唆的である。

GMG は、ベッツがおそらく期待を込めて考察するような UNHCR を主軸に置くレジーム複合体そのものではなく、むしろその枠組みを利用する国家間の交渉のアウトカムの蓄積であると考えられる。その交渉の構図の中で、UNHCR などの国際機関はあるときは一つの行為主体として、またあるときは国家間のフォーラムとして変幻自在に生き続けていくだろう。逆に言えば、今日ほど難民や移民の問題に国家が関心を寄せている時代はない。これまで忘れさられてきたフォーラムが「難民・移民サークル（ザイオッティ）」の人々で[36]はなく、一般的な外交主体に利用されるようになった現在を起点に、GMG の研究動向も大きく変化していくものと思われる。

【謝辞】
　本論文の執筆にあたり、2 名の匿名の査読者の先生方から大変有益なご意見を賜りました。ここに記して深くお礼申し上げます。また、科研費（基盤研究 C: 15K03330）に基づく本研究における調査に快く協力していただいた J. ホリフィールド教授、A. アレイニコフ教授、故 D. パパデメトリウ博士にも心より感謝いたします。また、本研究は科研費（基盤研究 B：23H00792）の成果でもあります。

【注】
（1）　主に渡辺昭夫、土山実男編『グローバル・ガヴァナンス：政府なき秩序の模索』東京大学出版会（2001 年）、山本吉宣『国際レジームとガバナンス』有斐閣（2008 年）などを参照した。
（2）　毛利勝彦「グローバル・ガバナンス研究の最先端」『国際政治』199 号（2020 年）。なお、

筆者はここでのグローバル・ガバナンス理論の系譜や理論展開に伴い生じる諸々の論点の整理に啓発され、また着想の機会を得た。

（ 3 ）　大矢根聡「グローバル・ガバナンス研究の展開と転回―国際的構造変化との乖離、その架橋―」『グローバル・ガバナンス』8 号（2022 年）。

（ 4 ）　初期の議論について、その主な論客と論考に Freeman, G. "Can Liberal States Control Unwanted Migration? " *Annals of American Academy of Political and Social Science*, 534, 1994; Joppke, C. "Why Liberal States Accept Unwanted Immigration," *World Politics,* 50 （2）, 1998 などがある。

（ 5 ）　Betts, A. eds. *Global Migration Governance*, Oxford University Press, 2011, p.1; Crepeau, F. and Atak, I., "Global Migration Governance: Avoiding Commitments on Human Rights, yet Tracing a Course for Cooperation, "*Netherlands Quarterly of Human Rights*, 34 （2）, 2016, p.115, etc.

（ 6 ）　Betts, *op.cit.*; Koslowski, R. eds., *Global Mobility Regimes*, Palgrave Macmillan, 2011. なお、それぞれのブック・プロジェクトへの参加者は重複している。主に国際政治学のアプローチを採用するマイグレーション研究者の関心が包括的な制度（ガバナンス）を対象とするものに収斂しているという学界の一部の動向が見受けられる。

（ 7 ）　Koslowski, *op.cit.*, p.259.

（ 8 ）　Kunz, R., Lavenex, S. and Panizzon, M. （eds.）, *Multilayered Migration Governance: The Promise of Partnership*, Routledge, 2011.

（ 9 ）　Lavenex, S. "Passing the Buck': European Union Refugee Policies towards Central and Eastern Europe," *Journal of Refugee Studies*, 11 （2）, 1998 など。

（10）　なお、クンツらの議論は、EU（加盟国）の交渉アジェンダ形成能力にのみ着目しており、交渉を成功に導く力についての言及や評価はない。この点については「移民外交（Migration Diplomacy）」という概念との関わりにおいて後述する。

（11）　国際制度どうしの関係については以下を参照した。Raustiala, K, and Victor, D., "The Regime Complex for Plant Genetic Resources," *International Organization*, 58, 2004; K. Atler and S. Meunier, "The International Politics of Regime Complexity", *Perspectives on Politics* 7 （1）, 2009; 大矢根聡「レジーム・コンプレックスと政策拡散の政治過程―政策アイディアのパワー」『日本の国際政治学 （2） ―国境なき国際政治』（日本国際政治学会編 / 大芝亮・古城佳子・石田淳責任編集）有斐閣 2008 年、足立研幾「重複レジーム間の調整に関する一考察」『立命館国際研究』第 23 巻第 3 号 2011 年など。

（12）　Betts, A. "Institutional Proliferation and the Global Refugee Regime," *Perspectives on Politics,* 7 （1）, 2009.

（13）　アド・ホックで暫定的な国際支援体制は戦間期（1920 年代）のヨーロッパ人難民の保護の歴史にも起源を辿ることができる。Easton-Calabria, E. "Bottom-Up to Top-Down: The Pre-History of Refugee Livelihoods Assistance from 1919 to 1979, "*Journal of Refugee Studies*, 28 （3）, 2015.

（14）　Loescher, G., Betts, A. and Milner, J., *The United Nations High Commissioner for Refugees （UNHCR） : The Politics and Practice of Refugee Protection into the 21st Century （Global Institutions）*, Routledge, 2008.

（15）　Sharpe, M, "Engaging with refugee protection? The Organization of African Unity and African Union since 1963", *UNHCR Research Paper* No.226, December 2011.

(16)　戦後のリベラルな国際体制が自由な人の国際移動レジームの発生に至らなかった背景に関して、Karatani, R, "How History Separated Refugee and Migrant Regimes: In search of their institutional origins," *International Journal of Refugee Law*, 17（3）, 2005, また柄谷利恵子「「移民」と「難民」の境界：作られなかった「移民」レジームの制度的起源」『広島平和科学』26（2004 年）、リベラル国家が人の移動管理についての主権を放棄しないという点への言及として、Hollifield, J. F., "The Emerging Migration State," *International Migration Review*, 38（3）, 2004, 移動／移住者の管理が近代以降の国家主権の主たる実践事項となる経緯については、岡部みどり「国境の国際共同管理と移民─政治学的移民研究アプローチと『移民危機』の克服」『国際関係論研究』24 号（2005 年）、田所昌幸「国際人口移動と国家によるメンバーシップのガバナンス」（遠藤乾編『グローバル・ガバナンスの歴史と思想：深化し浸透するグローバル化への対応はいかに』有斐閣（2010 年））をそれぞれ参照した。

(17)　Okabe, M. "How states react to international regime complexities on migration: a study of cases in South East Asia and beyond," *International Relations of the Asia-Pacific*, vol.21 (2021).

(18)　Okabe, *op.cit.*. また、Davies, S.E. *Legitimizing Rejection: International Refugee Law in South East Asia*, Martinus Nijhoff, 2008.

(19)　Loescher, G., Betts, A. and Milner, J., op.cit.. また、Ogata, S. and Purcell Jr. J. N., "MEMORANDUM OF UNDERSTANDING BETWEEN THE UNITED NATIONS HIGH COMMISSIONER FOR REFUGEES（UNHCR）AND THE INTERNATIONAL ORGANIZATION FOR MIGRATION（IOM）, May 1997" *Refugee Survey Quarterly*, 17（3）, 1998.

(20)　赤星聖『国際避難民問題のグローバル・ガバナンス：アクターの多様化とガバナンスの変化』有信堂（2020 年）。

(21)　Geiger, M. and Pécoud, A. eds., *Disciplining the Transnational Mobility of People,* Routledge, 2013.

(22)　Böhning, W.R. and Schloeter-Paredes, M-L. eds., "Aid in place of migration? Selected contributions to an ILO-UNHCR meeting," *International Labour Office*, Geneva, 1990.

(23)　ジェイムズ F. ホリフィールド教授より聴取（2023 年 6 月。於東京）。

(24)　Ghosh, B. ed., *Managing Migration: Time for New International Regime?* , Oxford University Press, 2000. また、ゴーシュ氏については氏のホームページ（http://bimalghosh.com）を参照。

(25)　フィリップ・マーティン氏はジョージタウン大学移民研究所所属の移民研究経済学者であるが、ILO のコンサルタントとしても活躍した。また、2023 年現在ニュー・スクール大学所属のアレックス・アレイニコフ教授（国際法）は、この研究所在籍時に UNHCR 高等弁務官次官補に指名された。

(26)　創立者デメトリウス・パパデメトリオウ氏より聴取（2015 年 5 月。於ワシントン DC）。

(27)　同上。

(28)　Zaiotti, R. *Cultures of Border Control: Schengen and the Evolution of European Frontiers*, Chicago University Press, 2011. なお、EU 及び加盟国の官僚は司法省、内務省の職員としてまずは採用され、その後の配置転換を通じて入管業務に従事する。筆者の知る限りでは法曹は少ないが法律学の博士号取得者は多い。これらは日本の法務省／出入国管理在留管理

庁での就職状況とは大きく異なっている。

(29)　Martin, P. S. Martin and P. Weil., *Managing Migration: The Promise of Cooperation*, Lexington Books, 2006.

(30)　岡部みどり「EUにおける人の越境移動と公共性：重層化する公共空間と移民外交（Migration Diplomacy）」藤田弘夫編『東アジアにおける公共性の変容』慶應大学出版会（2010年）参照。

(31)　Greenhill, K. Weapons of Mass Migration: Forced Displacement, Coercion, and Foreign Policy, Cornell University Press, 2016.

(32)　Adamson, F. and G. Tsourapas, "Migration Diplomacy in World Politics," International Studies Perspectives, 20, 2019.

(33)　EUによる周辺地域に向けた移民外交の展開については、Okabe, M. "Beyond "Europeanisation beyond Europe" － the EU-Asia Dialogue on Migration as an Alternative Form of Cooperation," in: Carrera, S. et. al. eds., *EU External Migration Policies in an Era of Global Mobilities: Intersecting Policy Universes*, Brill, 2019.

(34)　バングラデシュ代表による（「コロンボ・プロセス」統括の立場を踏まえた）HLDでのスピーチ（http://webtv.un.org/watch/bangladesh-on-behalf-of-the-colombo-process-high-level-dialogue-on-international-migration-and-development/2717144611001. 最終アクセス2017年3月31日）。

(35)　"Draft resolution submitted by the President of the General Assembly, Declaration of the High-level Dialogue on International Migration and Development", *UN General Assembly*, A/68/L.5, 1 October 2013.

(36)　Zaiotti, *op.cit.* .

（岡部みどり　上智大学法学部教授）

《研究ノート》
子どもの参加をめぐる欧州委員会の取り組み
― 2006年以降の動向を中心に―

佐竹　壮一郎

はじめに

1993年のマーストリヒト条約はEU市民権を確立し、欧州統合の進展を予感させた。しかし、1990年代はEU市民とEU、特に欧州委員会との心理的距離が顕在化した時期でもあった。世論の動きに着目するポスト機能主義者が指摘する通り、同年代以降の欧州議会選挙ではナショナル・アイデンティティを強調する政党が台頭し、大衆がEUの動きを「拘束」する場面も見られた。[1]

ポスト機能主義をめぐる論争も手伝い、EU市民の動向に関する研究が2010年代に急速に進められた。[2] だが、ここでのEU市民は有権者に限られており、EU全体の約20%を占める子どもは研究対象から除かれていた。[3] その理由として大きく二つ挙げられる。第一に、EUにおける子どもの「新しさ」である。1989年に国連総会で採択された『児童の権利に関する条約（子どもの権利条約：CRC）』を契機に、EUでも子どもの権利の実現が求められてきた。しかし、包括的な『子どもの権利に関するEU戦略』が欧州委員会によって初めて示されたのは2021年であり、子どもは21世紀に入り「発見」された存在である。第二に、EUにおける揺らぎと子どもとの隔たりである。大衆によるEUの揺らぎの事例としてポピュリスト、とりわけ極右政党の挑戦が挙げられる。[4] ところが、子どもはEUにおける政治的エリートを拘束する手段をもたない。EUの政治的動向は大人が決めてきたことから、研究対象も大人に限られていた。

とはいえ、EU条約では市民を年齢で区別するとは記されていない。むしろ、すべての市民はEUにおける民主主義に基づく営みに参加する権利をもつと記載されている（第10条3項）。だが、子どもは欧州議会で自らの考えを伝える一票をもたず、大人と同じ水準では政治に参加できない。以上の背景において、EUではどのようにして約8000万人の非有権者である子どもを組み込む試みがなされてきたのか。

本稿の目的は、EUにおける子どもの権利をめぐる停滞と進展が生じてきた様相を、欧州委員会とステークホルダーの動向に着目して明らかにすることである。大規模な官僚組織でもある欧州委員会は、不満を抱えるEU市民の主な批判対象であったことから、政治参加に対して積極的な姿勢を見せる必要があった。[5] だからこそ、EU市民に含まれる子どもの参加についても、欧州委員会はイニシアティブをとる動機をもっていた。本稿を通じて、子どもの参加に対する高い目標と実態との差異を抱える欧州委員会の姿が示され、か

つ大人の判断に左右される子どもの姿が浮き彫りにされる。また、2023年5月に「こども基本法」が施行された通り、日本においても子どもは「新しい」検討対象である。本稿は、子どもの参加に関するEUの現状を明らかにすることで、当該課題が日本に限定されないことを示すとともに、国境を越えた大人間における協調の可能性と課題を示唆する試みである。

　以下では、第一節において子どもの権利にインパクトを与えたCRCを整理したうえで、EU、特に欧州委員会が掲げる参加のあり方を確認する。第二節では、2006年に本格化した子どもの参加をめぐる欧州委員会による政策展開の実態を分析する。最後に、本稿の分析結果を示し、子どもが置かれている現状について考察する。

1.　CRCと子どもの参加

(1)　CRCのインパクトと課題

　子どもの重要性は言を俟たず、EUにおいてもそれは変わらない。EU条約では子どもの権利の保護が謳われ（第3条3項、5項）、かつ子どもは自らの意見を表明する権利行使の主体としても認識されている（EU基本権憲章第24条）。

　こうした枠組みはEU独自のものではなく、上述のCRCに基づいている。CRCの特徴として大きく三つ挙げられる。第一に、CRCは権利行使の主体として子どもを捉え直している。[6] 伝統的に、子どもは大人が有する能力を欠損しているとみなされていた。[7] 他方CRCにおいて子どもは、意見の尊重や、表現の自由、思想・良心・宗教の自由、結社および平和的集会の自由の権利をもつと明示された（第12条〜第15条）。子どもも、大人と同じ一人の人間としての権利を有しているのである。第二に、CRCは国家の責任に焦点を当てている。[8] たしかに、CRCにおいても養育の第一義的責任は親にあると記載されている（第18条）。だが、その前提としてCRCは国家に対して子どもの権利の実現を求めている。第三に、CRCは国際社会における規範的役割を果たしている。当該条約は子どもの権利に関する包括的リストであり、最も批准されている国際人権条約である。その包括性も手伝い、日本を含む批准国だけでなく、欧州審議会やEUを含む国際機関もCRCを参照している。結果として、CRCは子どもの捉え方に「パラダイムシフト」をもたらしたと評されるに至った。[9]

　ただし、CRCも万能ではなく、四つの観点から限界が指摘されている。[10] 第一に、子どもの参加に関するメカニズムやツールの問題である。たしかに、CRCでは子どもが自身に影響を及ぼす事項について意見を表明する権利が保障されている。しかし、持続可能な制度が構築されない限り、実質的な変化は期待できない。第二に、子どもを保護対象としてのみ捉える根強い固定観念である。つまり、子どもが社会に与える影響に対する期待値がCRCによって急激に高まったわけではない。[11] 第三に、国際機関の批准に関する問題である。EUを含む非国家主体はCRCに批准できない。すなわち、EUは子どもの政治参加を含む

CRC の規範を直接的には先導し難い立場にある。第四に、実行段階における一体性の欠如の問題である。どの程度の改革が求められるか、どのように財源を確保するか、どのように包括的リストを達成するかは各国に依拠している。

このように、CRC は子どもの権利に関する理念をリスト化し、「パラダイムシフト」を生じさせた一方、世界中の子どもの日常生活を一変させるほどの拘束力をもたない。とりわけ、非国家主体に期待される役割は限定的であり、EU もその例外ではない。こうした状況下において、子どもはどういった参加を期待されているのか。以下では、ユニセフでの議論を通じた広義の参加の意味を確認したうえで、欧州委員会が模索する参加の形を示す。

(2) 子どもの参加とは何か

子どもの参加とは何か。最小限の定義として「自分の生活や自身が住む共同体の生活に影響を与える決定を共有するプロセス」が広く採用されている[12]。また、子どもが参加しうる枠組みは家族や友人、学校や地域社会、国家や国際社会と多層的である[13]。さらに、子どもの参加手段も多岐にわたる。ユニセフは子どもの参加手段として、①情報の追求、意見の形成、アイディアの表現、②アクティビティやプロセスへの参加、③聴く、振り返る、調べる、話すといった役割の実践、④意思決定における情報や相談相手の獲得、⑤アイディア、プロセス、提案、プロジェクトの着手、⑥状況分析および選択、⑦他者の尊重および尊厳に基づいた対応を挙げている[14]。

市民の一員としてその社会に参加する手段は投票に限定されない一方、子どもにとって参加のハードルは高い。その理由として大人の存在が挙げられる。子どもは将来の市民であり、市民の一員として政治的議論をするには早いと認識される傾向にある[15]。実際に子どもが参加する場合も、「大人の視線」は容易には切り離せない[16]。それでも、子どもを取り巻く環境が急速に変化する中で、子どもの参加をより柔軟に捉え、その役割に期待する声も高まっている。例えば、子どもには既存の規範に問いを投げかける力や、共感や協力の輪を拡大させる力があると期待されている[17]。子どもには投票ができない。社会を変える力も弱い。だからこそ、参加形態の幅を広げ、その声をできる限り拾う姿勢が大人には問われている。

それでは、欧州委員会にとって参加とは何か。2001 年の『欧州のガバナンスに関する白書』[18]や、リスボン条約発効以降の展開を踏まえると、欧州委員会は次のような EU 市民と直接関わる形を参加とみなしている。つまり、EU 市民が欧州委員会の委員と対話し、欧州委員会企画のイベントに出席し、欧州委員会に対して自らの意見を直接伝えること、これらが欧州委員会によって想定される参加である。この方針は、2006 年から 2021 年までになされた「欧州市民協議」や「明日のヨーロッパ」、「市民対話」、「欧州将来会議」に至るまで一貫している[19]。また、リスボン条約で導入された欧州市民発議の提出先も欧州委員会である。ここで EU 市民は署名活動といった手間をかけて、直接欧州委員会に自身の意

見を届けることが期待されている[20]。さらに、欧州議会が意欲的に導入を進めたのが筆頭候補制だった[21]。欧州議会は自身を強化するために、欧州委員会とEU市民の心的結びつきの深化に依拠したのである。欧州委員会は子どもの参加についても上記の見解を当てはめ、自身との直接的な対話が促進されるような政策を展開している。

2.　子どもの参加をめぐる欧州委員会の取り組み

(1)　子どもに対する欧州委員会の認識

　CRC が採択されたのは 1989 年だが、EU 条約の枠組みで初めて「子ども」という用語が登場したのはアムステルダム条約（1999）であった。ただし、子どもの位置づけは保護にあり、「刑事問題における警察・司法協力に関する規定」内で子どもへの虐待と闘うことのみが記されていた。ニース条約（2003）においても同様である。EU の枠組みで「子どもの権利」について初めて言及されたのは EU 基本権憲章（2000）だった。そして、EU 条約の系譜では欧州憲法条約において初めて登場し、発効という観点ではリスボン条約（2009）が最初である。このように、EU において子どもの権利は 21 世紀に入り取り扱われるようになった。

　欧州委員会が子どもの権利に関する文書を初めて示したのは 2006 年である。『子どもの権利に関する EU 戦略に向けて』とのタイトルが示す通り、欧州委員会は当該権利をめぐる議論が途上段階にあることを認識していた[22]。本文書を契機に欧州委員会は、自身に関係する決定に対して意見や責任をもつ子どもを想定して戦略を立て始めた。

　なぜ EU として子どもの権利に関する戦略が必要なのか。2006 年の同文書において、欧州委員会は三つの回答を示している。第一に、EU による付加価値効果である。1960 年代に EC 法の優位性の原則について検討が進む過程で、人権の保護に注目が集まった。国内法が担保する人権を EC 法が無視すれば、加盟国は EC 法を受け入れ難いからである[23]。こうした基盤の強化が進む過程で、EU は域内外における普遍的な人権の促進を目指すに至った。第二に、子どもを取り巻く環境への対応である。人権の保護を重視する方向へ転換したこともあり、EU は間接的に子どもの権利に関与してきた。例えば、1993 年に打ち出されたコペンハーゲン基準に基づき、欧州委員会は加盟候補国の人権保護状況をモニタリングしていた。とはいえ、域内における相対的貧困や排除、差別、子どもへの暴力は課題として残っていた。また、発展途上国を中心に、域外の子どもを取り巻く環境や教育水準は改善の余地があった。第三に、有効性向上の必要性である。欧州委員会は、子どもの権利をめぐる EU 規模での包括的な調査、子どもを含む関係者との協力の深化、当該分野における EU の活動に対する認知度の向上を図っていた。ただし、子どもの参加については「漸進的」に実現と記載するにとどまっていた[24]。

　なぜ、そしていつ子どもの参加に対する欧州委員会の関心が急速に高まったのか。前文書の更新版として 2011 年に示された『子どもの権利に関する EU アジェンダ』において、

二つの側面から欧州委員会の変化が確認できる。第一に、ステークホルダーとの協力である。2006年以降の取り組みを通じて、当該政策に関する欧州委員会の知識、経験、人手の不足が明らかにされた。そこで、これらの欠点をステークホルダーとの協力により補うことで、欧州委員会は子どもの権利に関する情報収集を進め、政策への展開を図ったのである。第二に、子どもの意識醸成である。2008年のユーロバロメーターによれば、子どもの76％が自身の権利について十分に知らず、79％が必要な連絡先が分からないと回答した。さらに、回答者の88％は分かりやすい情報提供をEUに求めていた[25]。この結果に基づき、欧州委員会は質的調査を足掛かりに子どもとの対話を始めた[26]。また、ポータルサイトの拡充により情報提供手段が強化された。ただし、サイトの複雑さは課題として残り、子どもに配慮したとは言い難い状況にあった。

このように、人権を重視する機関として長年歩み続けきたEUにおいて、欧州委員会は「新しい」検討対象である子どもと向き合い始めた。そして、市民との乖離が指摘された1990年代の反省も踏まえ、欧州委員会は自らの不足を補うために、ステークホルダー、さらには子どもとの対話を試みるようになる。しかしながら、対話の過程でも欧州委員会の経験不足が目立ち、掲げた目標との差異が指摘されるに至った。この詳細について、どのように欧州委員会がステークホルダーや子どもと向き合ったのかに焦点を当てて確認する。

(2) 子どもの参加の停滞と進展

a. 対話の導入

欧州委員会は子どもの権利を発展させる第一歩として、CRC第12条にも掲げられる子どもによる意見表明の場の構築が重要だと認識していた。その実現を目指し、「子どもの権利に関する欧州フォーラム」が設立された。本フォーラム設立の目的は、子どもの権利に関する意見交換を通じた協力の深化にあった[27]。参加者として加盟国、国連機関、欧州審議会、市民社会、子どもが予定された[28]。このように、フォーラムは欧州委員会が子どもの権利に関するプラットフォームとなることを目指し設置されたのである。また、初の包括的な試みであり、参加者の期待値は高かった[29]。欧州委員会も専門知識を政策決定に反映させるだけでなく、自身の行動に正統性を付与する狙いがあった[30]。欧州議会も欧州委員会による動きを高く評価していた[31]。

しかしながら、2010年代前半に至るまでのフォーラムは大きく三つの課題を抱えていた。第一に、フォーラム運営のあり方である。フォーラムの目標や審議事項といった方向性を決めていたのは欧州委員会（司法総局）であり、かつ審議内容も総局側による報告が大部分を占めていたと指摘されている[32]。加えて、情報公開を進めるよう欧州議会から求められていた[33]。第二に、フォローアップの欠落である[34]。審議事項は司法総局に左右されるだけでなく、市民社会側の意見も十分に反映されなかった。例えば、市民社会は子どもに対する暴力や差別の問題を提起した一方、司法総局の対応は行方不明者に関するホットラインの確立を加盟国に求めるにとどまった[35]。第三に、子どもの参加の実態である。欧州委員

会は子どもの意見表明を重視していたものの、2010年代前半までのフォーラムでは、期待された水準を達成する事ができなかった。例えば、フォーラムにはブリュッセルの学校から少数の子どもが招待される程度にとどまった。そして、子どもの役割は絵や歌を披露し、植樹を手伝い、写真撮影に参加することにあった。[36]このように、欧州委員会はステークホルダーの協力や子どもの意見を重視する姿勢を見せながらも、その対応には中身が伴っていなかった。フォーラムを通して、欧州委員会は加盟国を主導できず、NGOの信頼を得られず、子どもをお飾りとして取り扱っていた。結果として、欧州委員会は子どもに向き合う以前の段階で躓いたのであった。

　b.　対話の更新

　子どもを含む関係者との対話について難しい舵取りを迫られた欧州委員会は、対話の形を2019年に更新し、2021年には二つの具体的指針を示すに至った。

　第一に、『子どもの権利に関するEU戦略』である。本戦略は欧州委員会による初の包括的な戦略であるだけでなく、その作成過程も過去の課題を踏まえていた。本戦略作成に際し、欧州委員会はフィードバックを重ね、詳細にわたる報告書を作成するなど、入念な事前準備を進めた。[37]当該報告書によれば、戦略の検討に際し、EU市民個人やNGOを含め、494件のパブリックコメントが寄せられた。[38]また、本戦略はこれまでの反省を踏まえ、「子どものため」という視点だけでなく「子どもと共に」という観点をより強化したという。さらに、ステークホルダーとの関係深化についても注意を払っていた。例えば、本戦略作成に当たっては、チャイルド・ファンド、ユーロ・チャイルド、セーブ・ザ・チルドレン、ユニセフ、ワールド・ビジョンが全面協力していた。これらの組織力により、一万人以上の子どもの声を組み込んだ報告書が作成され、戦略の下地となった。[39]また、情報公開対象について大人のみを想定していた反省に基づき、子どもを念頭に置いた資料公開もなされた。[40]

　子どもの声を踏まえて作成された本戦略では、地域・加盟国・EUレベルの包括的な参加が目指された。この実現のため、欧州委員会は子どもが参加可能なプラットフォームの創設を進めている。たしかに、ソーシャルメディアの発展により、不特定多数の者に対する情報発信は容易となった。だが、民間企業主体のソーシャルメディアは安心かつ継続的な結びつきを担保するとは限らない。[41]当該プラットフォームには、大規模NGOであっても拾いきれない声と声を結びつける役割が求められている。[42]併せて、専門家、メディア、一般市民、政治家、政策立案者との協力・交流を促し、子どもに特化した協議の開催も期待されている。[43]

　第二に、『欧州子ども保障』である。[44]本案の目的は支援を必要とする子どもに対する主要サービスの拡充であり、『子どもの権利に関するEU戦略』とは補完関係にある。EU戦略は子どもの参加を重視する一方、本案は子どもが社会へ参加するためのハードルに焦点を当てている。例えば、貧困や障がい、移民や民族的背景、社会的養護、不安定な家庭環境に置かれている者が抱える課題はプラットフォームの構築だけでは解決できない。

　子どもの社会的排除に取り組む主体は EU ではなく加盟国である。こうした背景もあり、欧州委員会は上記戦略同様、理事会や欧州経済社会委員会、地域委員会、市民社会、子どもを巻き込む形で事前協議を行っていた。また、市民社会や公的機関職員、研究者に対するアンケートに加え、専門家と NGO による多年度型の実行可能性調査やユニセフによるアセスメントも実施された。そして、これらの準備を経た提案を理事会は採択した。

　二つの文書が示す通り、欧州委員会はステークホルダーとの協力深化を重視した。そして、EU 戦略では「子どもと共に」という方針が確認された。それでは、これらの文書が作成されるまでに実施されたフォーラムは、どのように運営されていたのか。先述の通り、過去のフォーラムは欧州委員会主導で行われ、子どもはおろか NGO も発言や意見交流の機会を十分には与えられていなかった。こうした課題を踏まえ、子どもがお飾りでない形で参加したのは 2019 年の第 12 回フォーラムだった。加盟国から 9 名の子ども・若者が参加し（全体 280 名超）、ワークショップや全体討議で積極的な発言がなされたという。

　COVID-19 の影響により、2020 年の第 13 回フォーラムはオンラインを軸としたハイブリッド形式で行われた。第 12 回フォーラムにおいて子どもは正式な参加を果たしたものの、限られた人数の参加であった。第 13 回フォーラムでは加盟国内外 18 ヵ国から 60 名以上の子ども・若者がスピーカー、モデレーター、専門家として、リモートまたは対面で参加した（全体 300 名超）。例えば、ユーロ・チャイルドの子ども理事会と欧州委員会委員による対話が一つのセッションとして設けられていた。子ども理事会からは 13 歳から 17 歳までの子どもが参加し議論を交わした。また、子どもの参加数がこれまでにない規模であったことから、『子どもの参加に関するガイドライン』が新たに作成された。本ガイドラインの対象は子どもではなく大人であり、二つの観点から大人に対して注意がなされている。第一に、子どもの意思表示を尊重し、それをないがしろにするような言動をとらないことである。例えば、子どもへの丁寧な接し方や、子どもによる文字や絵を通じた会話方法に対する理解が挙げられる。第二に、子どもと私的な繋がりをもたないことである。ここには、個別チャットおよびビデオ通話の禁止や、個人を特定できる情報を載せないことが含まれる。さらに、トラブル対応については、自身での解決を試みるのではなく、ユーロ・チャイルドから派遣された担当者に一任するよう指示がなされている。

　第 14 回フォーラムもハイブリッド形式で開催され、40 名の子どもや若者がリモートまたは対面で参加した（全体 430 名超）。参加した子どもには NGO 所属の者に加え、同時期に開催されていた「欧州将来会議」の参加者も含まれていた。また、子どもに配慮した報告書も今回初めて公開された。

　このように、欧州委員会は年を追うごとにステークホルダーを巻き込むようになった。そもそも欧州委員会は有権者にさえ遠い存在として認識されていた。一票をもたない子どもの声を拾うことはなおさら難しい。そこで、知識や経験、動員力を兼ね備える EU 外の組織に協力を仰ぐことで、欧州委員会は自身が掲げた子どもの重視という目標に合致するよう修正したのであった。

おわりに

　本稿の目的は、EU における子どもの権利をめぐる展開が欧州委員会とステークホルダーの動向に左右されてきた様相を明らかにすることであった。マーストリヒト条約を契機に、EU 市民は EU 政治を前進させる存在として期待された一方、政治化による欧州統合の停滞や後退を引き起こす存在として懸念もされた。いずれの場合であっても、EU 市民は欧州統合に影響を及ぼしうる存在として理解されるようになったのである。だが、ここに子どもは含まれていなかった。子どもは、欧州統合の過程において部外者であり続け、21 世紀に入り「発見」された比較的「新しい」存在である。

　本稿の分析を通じて次の二つが指摘できる。第一に、子どもの権利の発展や子どもとの対話を進めるためには、大人を説得することが欠かせない。子どもとの距離を縮めるにせよ、助成するにせよ、欧州委員会はステークホルダーの大部分を構成する大人を尊重し、彼らに参加した実感を与えなければならなかった。たしかに、目の前の子どもを一人の市民として尊重する姿勢は重要である。だが、それは今の大人に対する尊重という土台の上に成立する必要があった。こうした信頼関係の不足が、子どもの権利をめぐって欧州委員会が十分なリーダーシップを発揮できていない要因である。

　第二に、欧州委員会は子どもの参加を促す一方で、そのインパクトは求めていない。かねてより、EU ではインプット・スループット・アウトプットという三つの枠組みで EU 市民からの正統性を得る必要があると指摘されてきた。⁽⁵³⁾しかし、本稿で示した通り、子どもはこれら三つの正統性の評者として十分に組み込まれていない。EU において、子どもは自らの権利を発展させる機会を能動的に促したわけではない。また、停滞を生じさせたのも子どもではない。子どもの権利をめぐる論争は大人と大人の間で生じており、子どもが与えたインパクトは限られていた。たしかに、欧州委員会は子どもの権利を充実させ、彼らの意見に向き合う姿勢を見せた。しかし、子どもの意見を契機とする EU 政治の「パラダイムシフト」を欧州委員会は求めていない。子どもの参加は欧州委員会自らの正統性を担保する一つの素材にとどまっているのである。

　本稿で論じた通り、EU において子どもは「新しい」検討対象であり、かつ子どもを取り巻く環境の変化により、手探りの政策展開が続いている。現状、EU 政治の枠組みに子どもの参加を促しているのは大規模 NGO やユニセフである。だが、これらの組織と深い結びつきのないまま大人になる者の方が多い。こうした課題の解決策として期待されている新たなプラットフォームのインパクトについても検証が求められる。この点については今後の研究課題としたい。

【付記】
　本稿はグローバル・ガバナンス学会第 16 回研究大会での報告に基づいている。部会に携わっ

114

た臼井陽一郎先生（新潟国際情報大学）、細井優子先生（拓殖大学）、武田健先生（青山学院大学）、そして重要なご指摘をくださった2名の査読者に感謝申し上げる。また、本稿はJSPS科研費 JP22K20121 の助成を受けている。

【注】

（1） Liesbet Hooghe and Gary Marks, "A Postfunctionalist Theory of European Integration: From Permissive Consensus to Constraining Dissensus," *British Journal of Political Science*, vol. 39, no. 1, 2009, pp. 1-23.

（2） 例えば、*JEPP*誌第26巻8号では、特集号として「グランド・セオリーへの再挑戦：21世紀の欧州統合」が組まれ、ポスト機能主義にも高い関心が寄せられた。

（3） 『児童の権利に関する条約（子どもの権利条約：CRC）』第1条では、子どもを18歳未満のすべての者と定義しており、EU諸機関でもこの定義を採用する場合が多い。だが、EU法の枠組みでは厳格に子どもの年齢が定まっているわけではなく、21歳未満や15歳未満とする場合もある（Directive 2004/38/EC; Directive 94/33/EC）。本稿では、投票権をもたない18歳未満を子どもとする。ただし、西山渓の指摘にもある通り幼児と区別する必要性から、下限を6歳〜7歳と設定している。なお、本稿の目的は「児童」や「未成年者」が想起させる弱さや未熟さを明らかにし、大人との間に境界線を引くことではない。非有権者という線引き下においても、権利に関する可変性を重視するため、本稿では「子ども」と表記している。西山渓「チャイルド・アクティヴィズムと熟議システム：もうひとつの『子ども参加』の理解に向けて」『唯物論研究年誌』第22号、2017年、217頁。

（4） Cas Mudde, *The Far Right Today* (Cambridge: Polity, 2019). 中井遼『欧州の排外主義とナショナリズム：調査から見る世論の本質』（新泉社、2021年）。水島治郎『ポピュリズムとは何か：民主主義の敵か、改革の希望か』（中央公論新社、2016年）。

（5） 「民主主義の赤字」と形容される当該問題をめぐる論争をまとめたものとして Andreas Føllesdal and Simon Hix, "Why There is a Democratic Deficit in the EU: A Response to Majone and Moravcsik," *Journal of Common Market Studies*, vol. 44, no. 3, 2006, pp. 533-562.

（6） Chiara Carla Montà, "The meanings of 'child participation' in international and European policies on children（'s rights）: A content analysis," *European Educational Research Journal*, vol. 22, no. 1, 2023, p. 5.

（7） Gerison Lansdown, *Promoting Children's Participation in Democratic Decision-Making* (Florence: UNICEF Innocenti Research Centre, 2001).

（8） Ingi Iusmen, "The EU and the Global Promotion of Children's Rights Norms," in Astrid Boening, Jan-Frederik Kremer, and Aukje van Loon, eds., *Global Power Europe-Vol. 2: Policies, Actions and Influence of the EU's External Relations* (New York: Springer, 2013), p. 322.

（9） Michael Freeman, "The Value and Values of Children's Rights," in Antonella Invernizzi and Jane Williams, eds., *The Human Rights of Children: From Visions to Implementation* (Farnham: Ashgate, 2011), p. 27.

（10） Turkan Firinci Orman, "A society-centric approach to child rights governance in the EU context: how to strengthen the political presence and participation of children?" *Children's Geographies*, vol. 20, no. 5, 2022, pp. 634-635.

(11)　教育現場でもこの見方は依然として確認されているという。Nishiyama Kei, "Enabling children's deliberation in deliberative systems: schools as a mediating space," *Journal of Youth Studies*, vol. 22, no. 4, 2019, pp. 473-488.

(12)　Roger A. Hart, Children's Participation: From Tokenism to Citizenship, Innocenti Essays, no. 4 (Florence: UNICEF International Child Development Centre, 1992), p. 5.

(13)　UNICEF, *Engaged and Heard! Guidelines on Adolescent Participation and Civic Engagement* (New York: UNICEF, 2020), pp.11-12.

(14)　UNICEF, *The Participation Rights of Adolescents: A strategic approach*, Working Paper Series (New York: UNICEF, 2011), p. 11.

(15)　この点に関する批判的検討については、山口晃人「子どもの参政権の政治哲学的検討：智者政批判との関係から」『年報政治学』第 72 巻 2 号、2021 年、161-184 頁。

(16)　Kristen Cheney, "Overcoming the adult gaze in participatory research with young people," in Barry Percy-Smith, Nigel Patrick Thomas, Claire O'Kane, and Afua Twum-Danso Imoh, eds., *A Handbook of Children and Young People's Participation: Conversations for Transformational Change*, Second Edition (London: Routledge, 2023), pp. 44-52.

(17)　Nishiyama, "Enabling children's deliberation in deliberative systems," *op. cit.*; 西山、前掲論文。

(18)　European Commission, *European Governance: A White Paper*, COM (2001) 428 final, p. 10.

(19)　細井優子「EU のデモクラシーと市民社会の将来：『欧州の将来に関する会議』の意義」『日本 EU 学会年報』第 43 号、2023 年、22-43 頁。

(20)　佐竹壮一郎「リスボン条約発効以降における EU の正統性の所在：制度運営の観点から」『同志社法学』第 71 巻 4 号、2019 年、132-138 頁。

(21)　European Parliament, *Elections to the European Parliament in 2014*, P7_TA(2012)0462.

(22)　European Commission, Towards an EU Strategy on the Rights of the Child, COM (2006) 367 final.

(23)　山本直『EU 人権政策』（成文堂、2011 年、5 頁）。

(24)　European Commission, *Towards an EU Strategy on the Rights of the Child, op. cit.*, p. 9.

(25)　Eurobarometer, *The Rights of the Child: Analytical report*, Flash Eurobarometer 235, 2008, p. 5.

(26)　Eurobarometer, *The Rights of the Child: Aggregate report October 2010*, Qualitative Study, 2010.

(27)　European Commission, *Towards an EU Strategy on the Rights of the Child: Impact Assessment*, SEC (2006) 888, pp. 20-21.

(28)　European Commission, *Towards an EU Strategy on the Rights of the Child, op. cit.*, p. 8.

(29)　初回フォーラムで出された宣言において、その期待値が確認できる。European Forum on the Rights of the Child, *Declaration*, Berlin, June 2007.

(30)　Ingi, Iusmen, "Civil Society Participation and EU Children's Rights Policy," *Journal of Civil Society*, vol. 8, no.2, 2012, pp. 141-142. この傾向は 2010 年代後半でも変わらず、例えば、移民政策について当該フォーラムで対話したことが強調されている。European Commission, *Progress report on the European Agenda on Migration*, COM (2017) 669 final, p. 4.

(31)　European Parliament, *Towards an EU strategy on the rights of the child*, P6_TA（2008）0012.

(32)　Iusmen, "Civil Society Participation and EU Children's Rights Policy," *op. cit.*, p. 143.

(33)　OJ C 434 23. 12. 2015, p. 83

(34)　Iusmen, "Civil Society Participation and EU Children's Rights Policy," *op. cit.*, 143-145.

(35)　European Commission, *Dial 116 000: The European hotline for missing children*, COM（2010）674 final.

(36)　Ingi Iusmen, "How Are Children's Rights（Mis）Interpreted in Practice? The European Commission, Children's Rights and Policy Narratives," in R. A. W. Rhodes, ed., *Narrative Policy Analysis: Cases in Decentred Policy*（Cham: Palgrave Macmillan, 2018）, pp. 108-109.

(37)　European Commission, *The EU strategy on the rights of the child 2021-2024*, Factual summary – public consultation, Ares（2021）908693.

(38)　内訳は、EU 市民個人（56%）、NGO（28%）、研究機関（6%）、公的機関（6%）、企業や労働組合、消費者団体などその他（14%）。*Ibid.*, p. 3.

(39)　ChildFund Alliance, Eurochild, Save The Children, UNICEF and World Vision, *Our Europe, Our Rights, Our Future*, 2021.

(40)　当該資料は北アイルランドのクイーンズ大学ベルファストにある子どもの権利センター監修で作成された。2022 年には同センター監修の下、子どもに配慮した文書作成の方法に関する資料が公開された。他方、公開された資料はいずれも英語版にとどまっている。European Commission, *Creating child-friendly versions of written documents: A guide*（Luxembourg: Publications Office of the European Union, 2022）.

(41)　X（旧ツイッター）の事例が示す通り、企業側の判断で利用者が望まない仕様へ変更される場合もある。『日本経済新聞』2023 年 2 月 14 日朝刊 16 頁。

(42)　2023 年 6 月 26・27 日に、16 ヵ国から 58 名の子どもが参加した当該枠組み初の会議がブリュッセルで開催された。European Commission, *EU Children's Participation Platform: General Assembly*, Report, 2023.

(43)　子どもの権利に関する EU ネットワークも 2022 年 3 月 31 日に発足しているものの、司法総局主導という伝統的なトップダウン型の手法にとどまっている。European Commission, "EU Network for Children's Rights," *Minutes: First Meeting of the EU Network for children's rights*, 2022.

(44)　European Commission, *Establishing a European Child Guarantee*, COM（2021）137 final. なお、本枠組みは欧州議会による勧告を契機としている。European Parliament, *Reducing inequalities with a special focus on child poverty*, P8_TA（2015）0401.

(45)　European Commission, *Accompanying the document Proposal for a Council Recommendation establishing a European Child Guarantee*, SWD（2021）62 final, pp. 70-78.

(46)　European Commission, *Feasibility study for a child guarantee: report on the online consultation*（Luxembourg: Publications Office of the European Union, 2020）; European Commission, *Feasibility Study for a Child Guarantee*, Final Report（Luxembourg: Publications Office of the European Union, 2020）; European Commission, *Study on the economic implementing framework of a possible EU Child Guarantee Scheme including its financial foundation*, Final Report（Luxembourg: Publications Office of the European Union,

2021）; UNICEF, *Finding on Policy Integration and Coordination to Inform the European Child Guarantee* (Geneva: UNICEF, 2021).

(47)　OJ L 223, 22.6.2021, pp. 14-23.

(48)　European Commission, *12th European Forum on the rights of the child: Where we are and where we want to go*, report, 2019, p. 3.

(49)　European Commission, *13th European Forum on the rights of the child. Delivering for children: towards the European strategy on the rights of the child*, report, 2020, p. 3.

(50)　European Commission, "13th European Forum on the Rights of the Child － Programme," 2020, https://commission.europa.eu/system/files/2020-10/13th_european_forum_on_the_rights_of_the_child_programme.pdf（2023 年 10 月 20 日アクセス）

(51)　European Commission, "Guidelines on Child participation," 2020, https://commission.europa.eu/system/files/2021-02/child_participation_guidelines_1.pdf（2023 年 10 月 20 日アクセス）

(52)　European Commission, *14th European Forum on the Rights of the Child*, conference report, 2022, p. 3.

(53)　Vivien A. Schmidt, "Democracy and Legitimacy in the European Union Revisited: Input, Output and 'Throughput'," *Political Studies*, vol. 61, no. 1, 2013, pp. 2-22.

（佐竹壮一郎　白鷗大学法学部講師）

118

《書評》
山本直『オルバンのハンガリー―ヨーロッパ価値共同体との相剋』
（法律文化社、2023年、248頁）

宮脇　昇

　一国の指導者となり十年以上も権力を保つ。古今東西ありふれた事象である。ただしそれが21世紀のEU加盟国ということになれば、メルケルとオルバンだけであろうか。2人とも欧州の社会主義国で育ったという共通項しか評者は見いだせない。それでも2人を対比してしまうのは、長きにわたる権力を保つところに「何か」を評者が見出したいためである。
　「大学入学前に従事した兵役で味わった理不尽さ」こそ、オルバンが政治に関心をもつ契機であったと著者はいう（本書序章）。その理不尽な経験は、彼をしてソ連軍撤退を訴えさせ、自由化をめざす指導者として彼を浮かび上がらせた。そして首相就任後、短期政権ののち2006年に彼は下野した。しかし2008年のリーマンショックと移民問題を追い風に彼は首相として蘇り、現在に至る。1990年と同様に2008年は、「すべての人がたった一夜で異なる世界に置かれる」という意味で、オルバンのいう「体制転換」であった（本書巻末所収のオルバンの講演より）。「国民が借金を背負うことも、家族が返済地獄に陥ることも止めなかった」という自由主義批判と、「民族は、たんなる個人の集まりではなく、より結束すべき共同体」という民族主義擁護の言説をあわせもつのは、オルバンゆえである。オルバンは、政党の党首としてその2つを新たな国家像として収斂させ、反EU、反移民、反NGOを政策化する。そこにドン・キホーテ像をみるか、レジスタンス像をみるか。そのどちらでもない解を本書は示すのである。
　「ブリュッセルを阻止しよう」という強い意気込みのオルバンの動きと、人権侵害等への懸念を深め遂には「予防手続き」を含む決議をハンガリーに対し採択するEUとの間のゆるやかな攻防が本書前半で描かれる。EUはハンガリーを狙いうちするように「法の支配」に絞った予防・権利停止の手続きを定めた。しかしそれは、欧州議会内のフィデス（オルバンが率いる政党）に配慮して緩慢であり、他の加盟国が対象にならないようにするという意味で打算的であった（第1章）。詳述すれば、欧州議会内部で、中道右派の欧州人民党でフィデスに親和的な議員が少なくなく、決議賛成に要する3分の2の賛成票というハードルが高かったことが背景にある。同党副党首（当時）を務める、ドイツのキリスト教社会同盟（CSU）出身のベーバーやオーストリアの右派政党が反対から賛成に転じて決議が可決されるには、2018年を待たねばならなかった。その決議採択も、著者によれば、規範面での影響深化というよりは、個人の政治的動機や、難民政策をめぐる国家間の具体的対立によるものとして説明される。攻防が熾烈ではなく緩慢になった理由は、EU条約に基づき制裁を課すハードルが制度的に高まったことにもある（序章、第3章）。
　欧州議会内の権力闘争の結果として、欧州人民党は、2019年にフィデルを除名ではなく

加入資格停止とした。興味深いことに、オルバンもまた欧州人民党にフィデスを残らせようとしていた。フィデスが脱退を表明したのは2021年になってのことである。この緩い傾斜の過程を著者は、「煮えきらない」欧州人民党内部の分裂に求める（第4章）。その間にもオルバンは、コロナ禍において対策法を制定し虚偽情報の流布に禁固刑を科す等、権限を強め、野党からは「全権委任」的な制度の性格を批判された（第5章）。

オルバンの力は、対外政策面で、拒否権的な権力が加盟国に与えられているEU外交に対して一層発揮された。EUは2016年以降、海洋活動、香港、ウイグルの事例で、中国を非難する宣言や書簡を準備していた。しかし「冷戦の政治と文化を世界政治に再登場させてはならない」という論理をくり出したハンガリー等の反対により、採択されなかった。対中依存度がさほど高くない同国がなぜ中国を擁護するのか。その理由を著者は、ベオグラードとの新規鉄道の開通や中国の大学誘致、そしてそれらにまつわる国内の利益配分に見出す（第7章）。

2022年のウクライナ侵攻に対しても、オルバン政権は、ウクライナ・ロシア双方に関与せず、ロシアから石油も輸入し続けることを方針とし、同年4月の国会議員選挙での大勝を導いた。ここで著者は、経済的動機に加えて、国際政治に加えて国内政治を勘案した「全方位均衡」（omnibalancing）の理論を用い、政治的合理性を見出す。野党はオルバンとプーチンの親密さをやり玉に挙げた。しかし著者が注目するのは、プーチンとの関係ではない。ハンガリーに接するウクライナに分布する少数民族としてのハンガリー人の存在（争点）と、ウクライナ侵攻当初におけるオルバンの戦局予想の妥当性である。この2つの要因によりオルバンは、ウクライナと距離をおきロシアから利を得ようとする。実際にウクライナからの難民の多数はハンガリー入国後、数日以内に第三国に移動した。オルバンがロシアに「近い」と思われるのは、対中政策と同様に全方位均衡のためである（第8章）。

オルバンは各国の保守派に国際的に評価され、アメリカの保守政治活動協議会（CPAC）が2022年にはブダペストで開催されるに至る。対して価値の共同体としてのEUは、その規範自縛のゆえに、ハンガリーのように価値を乱す行動には我慢ならない。2022年10月の決議で欧州議会は、ハンガリーを「民主制と非民主制の混成的な体制」に堕したと批判する。そしてそのハンガリーが2024年後半期にEU理事会議長国に就くことを著者は懸念する（終章）。

このように本書は、EUの1加盟国がEUに諧わないという矛盾の深層に迫る浩瀚な著作である。それでも書評の定めとして、少しだけ著者にないものねだりをしたい。民主化の後退と反EUはハンガリー政治では一体のものとなっているが、Brexitの例のごとく、元来は別々のものである。これはグローバル・ガバナンス論の観点から重要なレイヤーの区別である。しかし、なぜハンガリーでは両者が一体となったのか。同時にそれにもかかわらずハンガリーはなぜEUから脱退しないのか。欧州ではベラルーシが1997年に民主主義のセットバックの先鞭をつけ、EBRDの制裁を真っ先に受けた。世界的な民主主義の逆行（あるいは蛇行）は、どのようにハンガリーに伝播したのか。あるいはそうした問いの設定

は、可能なのか。こうした問いに著者は第8章で対ロ関係の観点から回答を試みているが、EUは対ロシアというよりは内在的な共通利益、あるいは対アメリカ等の西側内の対抗利益の存在を前提にしており、EU残留とオルバンの言説とはどう調和するのか。

　評者のこれらの問いにもかかわらず、政治家としてのオルバンのもつ力と才覚の射程と限界を丹念に追い、欧州のガバナンスを揺るがすほどになった過程を詳らかにした本書は、高く評価されよう。オルバンを批判するのは誰とてたやすい。しかし権力を長らく維持できる政治家には、嗅覚の優越がある。少なくとも結果論としてはそう説明されよう。本書では、オルバンの政治を学術的に説明するため、並外れの機会主義者の性格と全方位均衡に資する自己相対化を看取する著者の鋭い眼光がうかがえる。例えば、オルバンの中国寄りの姿勢は先述のとおりだが、しかしかつてオルバンその人がダライラマ14世の訪問を受け入れ、2002年春には台湾の副総統の招聘も許容していた。そこに無定見のそしりは逃れない。逆に2003年の同国社会党のメッジェシ首相が冷戦後初めて訪中しており、オルバンはそれを引き継いだとする（第7章）。

　長寿化が進み政治家のキャリアも長期化した現代において、失点汚点のない者は皆無に等しく、SNSの風評吹き荒れる世界で毀誉褒貶に超然とする者もいない。主張の一貫性のなさを共和党に批判されたオバマ大統領は、その批判に意味がないと言い放った。それでも学界に身を置くものとして、オルバンに一貫性を見出そうとすれば、批判を顧みないある種の強さ、換言すれば傲慢さである。本書は、オルバンのメンタリティの一貫性に狙いを定めているがゆえに、規範対規範、利益対利益という単純な図式ではなく、規範と制度の巨大な塊に抗いつつ生き延びる風見鶏的な政治家としてオルバンを見定める。

　最後に、評者に限らず、オルバンと、ある島国の元首相との類似点に気づく読者も多いであろう。短期政権や下野を経て長期政権を担ったその首相は、プーチンとの親密さを醸し出していた。その首相は、中国を敵視する一方で、他方では習近平主席の訪問計画を歓迎する機会主義的な才覚を持った。国内政治では選挙にも連勝した。むろん比較の常、2つの事例間に類似よりも差異が多いことは、言を俟たない。対ロシア関係でハンガリーとその国が異なる点を敢えて挙げれば、現在の首相が2022年以降もロシアから天然ガスを輸入し続けることの道義的説明を内外に向けて行わず、賢くも沈黙を決め込んでいる点である。

　EUが長年構築した政策パッケージが成長の糧になる国もあれば、重荷になる国もあろう。それほどまでにEUは加盟国を増やしてしまったとも言えよう。重荷に感じるならば、規範の過剰な喧伝や不相応な政策は、一時的に後回しにするしかない。なぜなら永遠普遍の価値こそ世界に存在すれども、規範は複数あり、オールマイティな政策というものもないためである。重厚な価値と巨大組織に対抗できるのは、「沈黙は金なり」を金言とする賢者か、それとも演説巧者か。オルバンが後者であることが本書の説明を豊穣にしている。

（宮脇昇　立命館大学政策科学部教授）

《書評》
西海洋志・中内政貴・中村長史・小松志朗編著『地域から読み解く「保護する責任」─普遍的な理念の多様な実践に向けて』（聖学院大学出版会、2023 年、449 頁）

上野　友也

　本書における保護する責任の理念の分析は、以下の三つの重要な点を明らかにしている。保護する責任の誕生と展開、保護する責任概念の多面性の探究、保護する責任を探究する意義である。

　第一は、保護する責任の誕生と展開である。保護する責任の概念は、1999 年のコソボへの軍事介入を背景に、2001 年に誕生した。この時、国際社会は人道危機に対処する際の国家主権と内政不干渉原則のバランスについて熟慮した。保護する責任の誕生は、国際法上の合法性を欠くものの人道的な目的で実施された軍事介入に対する新たな枠組みの必要性から生じた。この概念の創設は、国際社会における人道危機への対応方法に関する大きな転換点を示している。初期の段階では、保護する責任は国家主権と内政不干渉原則の間の緊張関係を緩和するための手段として位置付けられていた。しかし、時間の経過とともに、保護する責任はより広範な国際政治の文脈で議論され、その適用範囲が拡大した。本書では、保護する責任が単に軍事介入を正当化するための概念にとどまらず、より広い視野で捉えられていることを強調している。これには、軍事的な介入だけでなく、予防、ガバナンス、紛争解決などの非軍事的な側面も含まれている。この理念の進化は、国際社会が人道危機に対してより積極的かつ多角的に対応する方法を提供すると同時に、国際法や国際関係における新たな課題を提示している。

　第二は、保護する責任概念の多面性の探究である。本書は、保護する責任が国際社会でどのように発展し、とくに国や地域においてどのような形で実践されているかに焦点を当てている。それにより、国際社会全体を見る視座からは見落とされがちな、国や地域における議論や実践に着目し、保護する責任の概念がどのように理解され、適用されているかを国や地域ごとに詳しく分析している。本書は、保護する責任の解釈や実践は一様ではなく、地域の特性や政治的、社会的文脈に基づいて異なる形で適用されることを明らかにする。さらに、より細密かつ直接的な現状把握ができるように、一次資料の抄訳を多数収録する。これにより、本書は保護する責任の展開や現地化をより精緻に議論・考察していくための素材を提供している。

　本書では、各国や地域の分析を通じて以下のことを明らかにしている。ここでは、五つの国や地域に区分しておきたい。第一は、北米である。カナダは、保護する責任の「助産師」として重要な役割を果たし、その後「改良主義的実践者」へと変化した。この変遷は、クレティエン政権からトルドー政権に至るまでの政策の変化を反映しており、国際的な人

道主義の原則を支持しながらも、実践的なアプローチを模索していることが伺える。アメリカは、ブッシュ・ジュニア政権からトランプ政権にかけて、保護する責任へのアプローチが大きく変化した。これは、超大国としてのアメリカの政策が国際社会に与える影響の大きさを示すもので、アメリカの内政や外交政策の変動が保護する責任の実践にどのように影響を与えるかを示唆している。とくに、異なる政権下での対応の変化は、保護する責任の普遍的な原則と国家利益の間の緊張関係を浮き彫りにしている。

　第二は、世界規模の植民地を保有していたイギリスとフランスである。イギリスの場合、保護する責任に対する支持と逸脱の両面をもつ。とくに中東およびアフリカ地域における対応が特徴的で、イギリスの歴史的経緯や国際的立場が保護する責任へのアプローチに深く影響を与えていると考えられる。これは、過去の帝国主義の遺産などが介入に決定的な影響を及ぼしていることを示す。フランスは、国際主義の堅実派としての役割を果たし、とくに中東とアフリカでの保護する責任への取り組みに重点を置いている。フランスのアプローチは、フランスの歴史的経緯と国際政治に対する意識が影響していると考えられる。歴史的背景や国際的な立場が、保護する責任の改革と解釈に影響を与え、とくに人権保護と地域の安定に対する強い関心を反映していることが見てとれる。

　第三は、その他のヨーロッパ諸国である。EUと北欧諸国は、保護する責任に対して原則的には支持を表明しているが、具体的な対応においては意見が分裂している。EUでは、保護する責任への実行力に疑問が呈されており、統一した対応を取ることの難しさが浮き彫りになっている。このことは、EU内の政治的および経済的多様性が、共通の外交政策や軍事介入における困難を引き起こしていることを示唆する。他方、北欧諸国では予防重視のアプローチが強調されており、これは、北欧諸国が長い間重視してきた平和と安定への取り組みを反映している。北欧諸国は、紛争予防と早期警告システムに焦点を当て、より積極的な介入よりも事前の予防策を重視する傾向があることを示している。

　第四は、介入の対象となってきたアフリカと中東である。アフリカでは「第三の柱」を中心に保護する責任の積極的な支持と運用が進んでいる。この進展は、地域的な安定と軍事介入に対するアフリカの取り組みを示しており、アフリカ連合などの地域機関が主導する形での保護する責任の実践が特徴である。一方、中東では、現実政治と保護する責任への不信感が並存しており、政治的背景の複雑さや宗教的・民族的対立が、保護する責任の実践に影響を与えていると考えられる。中東における保護する責任の実践は、しばしば国際政治の緊張と地域的な対立の中で行われ、その結果、異なる国際的な利害関係が絡み合っている。

　第五は、新興国である。ロシア、中国、ブラジル、インド、南アフリカは、それぞれ異なるアプローチを取っている。ロシアは、保護する責任を求める政策に対して反発し、中国は欧米諸国との摩擦を生じている。ブラジルは、新たな国際的役割を模索し、インドは軍事介入への明確な反対姿勢を示している。南アフリカは、人権と反帝国主義の狭間で揺れ動いている。アジア太平洋諸国では、ロヒンギャ問題において地域内の人権問題への対

応と保護する責任の関連性を示している。ラテンアメリカ地域における保護する責任の現地化の試みが紹介されており、これには La Red と呼ばれる地域的なネットワークや国家メカニズムが含まれる。これらの取り組みは、地域固有の課題に対応し、保護する責任の原則を実践的に適用するためのものである。これらの国々のアプローチは、国内政治のダイナミクスや地域的な安全保障の課題、さらには国際的な地位や影響力といった要因に深く根ざしており、保護する責任の実践において独自の挑戦と機会を生み出している。

　以上の国別や地域別の分析を通じて解明されたのは、以下の五つの点であろう。第一は、保護する責任へのアプローチや地域的多様性である。世界各地の国や地域は、保護する責任へのアプローチにおいて顕著な多様性を示しており、それぞれが独自の歴史的、政治的背景に基づいた特有の戦略を採用している。第二は、国内政治と国際関係の影響の重要性である。保護する責任へのアプローチは、各国の国内政治のダイナミクス、歴史的背景、そして国際関係の複雑性に深く影響されている。これは、とくに中東や新興国において顕著で、国内の政治的事情や国際的な地位がそのアプローチに影響を与えている。第三は、保護する責任の運用における地域固有の課題である。とくにアフリカ、中東、新興国ではそれぞれ固有の課題が浮き彫りになっている。これらの課題は、保護する責任の普遍性と地域特有の要件の間のバランスを求める上での難しさを示している。第四は、超大国の影響力とその変化である。アメリカなどの超大国は、保護する責任へのアプローチにおいて大きな影響力を持っており、政権の変更に伴うアプローチの変化は、国際社会における保護する責任の実践に重要な影響を与える。第五は、予防と介入のバランスの重要性である。保護する責任の実践においては、予防的な措置と介入的な対応のバランスが重要であり、とくに北欧諸国のように予防を重視するアプローチや、フランスのように特定地域における積極的な介入に重点を置くアプローチが、保護する責任の運用において異なる戦略を示している。これは、保護する責任の原則と実践の間の緊張関係を管理する上での重要な側面を強調する。

　最後は、保護する責任を探究する意義である。本書は、保護する責任に関する研究がもつ重要性と、それが国際政治学において果たす役割を深く探究している。保護する責任が誕生した背景とその後の発展に関する既存の研究を基盤としながらも、本書はこの概念の新しい側面や、これまで十分に探究されてこなかった領域に焦点を当てている。本書は、保護する責任がどのように国際社会に受け入れられ、適用されてきたかを分析することにより、国際社会における人道危機への対応のあり方を再考する機会を提供している。また、保護する責任の将来の進化とその潜在的な影響についても考察し、国際社会が直面する新たな課題に対してどのように対応していくべきかについての洞察を与えている。このアプローチにより、本書は保護する責任に関する研究を新たな次元に引き上げ、国際政治学における重要な議論に貢献している。保護する責任の理解を深めることは、国際社会が直面する複雑な問題に対して、より効果的で多角的な対応策を検討するための基盤となる。本書は、保護する責任の概念に関する既存の理解を再評価し、新たな研究の道を開くことに

貢献する。それにより、国際社会が直面する人道的、政治的課題に対してより効果的に対処するための知見が深まることが期待される。

(上野友也　岐阜大学教育学部准教授)

《書評》
高橋力也著『国際法を編む―国際連盟の法典化事業と日本』
（名古屋大学出版会、2024 年、vii ＋ 480 頁＋ 55 頁）

山田　哲也

　ここ数年、若手研究者による、戦間期あるいは国際連盟（連盟）についての優れた研究書の刊行が相次いでいる。いずれも外交史・国際関係史の手法によりつつ、国際法史や国際社会の組織化現象の歴史的分析も射程に含んだ、視野の広い問題設定と緻密な史料分析が特徴である。このような視点や分析手法に基づく初期の先行研究として、篠原初枝『戦争の法から平和の法へ―戦間期のアメリカ国際法学者』（東京大学出版会、2003 年）や同『国際連盟―世界平和への夢と挫折』（中央公論新社、2010 年）を真っ先に取り上げることに異論はなかろう。本書は、その篠原教授の薫陶を受けた著者が日本大学に提出した博士号請求論文に加筆・修正したものである。学位論文そのものも、学会誌等に掲載された複数の論文を基礎としている。

　さて、本書を手にしてまず気づくのが、書名と第 6 章のタイトルが同一であるという点である。通常、書名は書物全体を俯瞰するように付すものであり、著者や編集者がそれを知らない訳がない。本書については恐らく、第 6 章こそが本書のクライマックスであることを読者に暗示するために、敢えて書名と章タイトルを揃えたのであろう。そのような理解を前提に本書の全体像を紹介したい。

　序章では、国際連盟を通じた国際法の法典化事業を通じて、日本が国際法の「つくり手」（法的国際主義）へと立場を変え、それを支える人材としての「法律家（国際法に通じた外交官と政府の仕事にも従事する国際法学者）」の誕生と会議の現場での活躍を本書の課題として設定する。この問題設定は狭義には日本外交史に属するが、個別の主題での法典化を取り上げるという点で国際法史であり、議論の場が連盟であったことから国際機構史でもある「三分野にまたがる学際的テーマ」（12 頁）という著者の意気込みが示される。

　日本外交史における国際法の法典化が課題であるなら、第 1 章と第 2 章は前奏曲にあたる。第 1 章では、エリヒュー・ルートが連盟での法典化事業の先鞭を付けた過程が詳述される。連盟では、法典化事業に消極的なイギリスと、ギリシャを筆頭とする推進派の鋭い対立、さらに連盟事務局内部の揺れ動きが活写される。1921 年 11 月に開会したワシントン会議は列強中心の会議で、いわゆる「ワシントン体制」を成立させた会議である。連盟に加盟しない途を選んだアメリカが連盟の枠外で戦後秩序構想の主導権を握ることは、中小国の連盟への期待を削ぐことになりかねない。

　連盟において法典化事業をいかに取り扱うかという問題が再燃するのは、1924 年になってからである。第 2 章では、連盟が法典化事業に着手するための専門会委員会（CPDI）の設置に至るまでの経緯が扱われている。連盟の態度変化に影響を与えたのがもう 1 人のア

メリカ人、マンレー・O・ハドソンであった。ルートと親子ほどの年齢差があるハドソンは、旧来の国際法の刷新こそが法典化であると主張し、連盟において議論することが適切であると主張した。連盟事務局の方針転換に乗じたスウェーデン提出の決議案が呼び水となり、ヨーロッパの中小国が主導する形で同年12月の理事会でCPDIの設置と委員リストが決定される。日本からは、松田道一・連盟帝国事務局長が選出された。

第3章では「海賊行為」の報告書起草者に指名された松田に焦点があてられる。「つくり手」としての日本人の出番である。松田草案は直ちに陽の目を見ることはなかったが、その後の領海条約や国連海洋法条約の関連規定の基礎になったと著者は評価する。他方、当時の日本が中国沿岸の海賊への対処に頭を悩ませ、松田草案が共同体利益アプローチを採りつつ、「文明国」概念を多用して中国を牽制したのではないかという点も指摘される。

第4章は、日本国内の動きとして、国際法学会（JSIL）による法典案提出の経緯が明らかにされる。「当時の日本政府が国際法の法典化を連盟外交における最重要課題として掲げていたわけではな」く（149頁）、「国情を反映したものでありながら、国策そのものではない」（157頁）法典案が提出されたのは何故か。一つの答えとして、JSILが取り上げた主題には対米移民問題や通商上の衡平待遇といった、当時の日米間の緊張関係を反映したものが含まれている。JSILの法典案は、差別撤廃規定を梃子に懸案解決を目指したのであろう。当時の日本が差別撤廃を主張することは、植民地との関係では矛盾を含むものであった。それでも「国際法の整備を通じて国際法秩序を保ち、発展させていく」（171頁）という、当時の日本の法的国際主義の発露をJSIL法典案に見出している。

第5章では、1927年以降本格化する、国際法典編纂会議（ハーグ会議）の準備作業の中での日本の外務省と学界との連携関係が検討されている。当時の日本には、外交官出身で大学に籍を移した国際法学者と法務畑の外交官がJSILを通じて交流を持ち、さらにJSILと外務省との共同研究会も存在していた。その中でも立作太郎は、長年に亘って「事実上の」法律顧問として活躍した。「実務の要請」と「立の学問」の「連動」である（194頁）。立とその弟子で東京帝国大学での後任者である横田喜三郎の満洲事変を巡る法的評価の差は有名であるが、それが「時代の差」に基づくものと捉える横田の一文を引用する（198頁）ことで、単に2人の認識の差の問題としてではなく、戦間期・戦中と戦後において求められる学者像の差に意識を向けることの重要性が指摘されている。

さて、クライマックスの第6章である。1930年3月13日から4週間開催されたハーグ会議では国籍・領海・国家責任がテーマとして取り上げられ、後二者については見るべき成果はなく、会議全体として失敗の烙印が押される。その原因については、会議の準備や議事運営の問題も含まれる。本書では、それぞれの議題についての会議の実質についても極めて詳細に分析を加えている。それ以上に、日本代表となった長岡春一・武者小路公共・川島信太郎の外交官としての経歴や会議場内外での立ち居振る舞いに紙幅が割かれている。条約締結にこぎつけた国籍問題における長岡は華々しく描かれるが、「失敗」した領海制度と国家責任での武者小路・川島への言及は少ない。それでも、領海幅員の「模擬投票」を

呼びかけた武者小路の機転と、19世紀的国際法観にこだわる日本政府の意を呈して議論に臨んだ山川の「活躍」については詳しい記述がある。

第7章は、いわば後奏曲として、ハーグ会議後、そして立の死後の法律顧問設置構想が分析される。また高野雄一などの次世代の学者と外務省の関わり、さらに日本が受容してきた近代国際法と大東亜国際法理論との関係が検討された上で、「戦前から戦後の国際法実務の連続性」（第3節見出し）が指摘されている。終章において筆者は、改めて戦間期日本の法的国際主義の実態と限界や、法律家による国境を越えた共同体の存在や意義についての、さらなる実証研究の必要性を指摘して本書を閉じている。

以上が本書の概要である。本書は、膨大な先行研究と史資料の渉猟を踏まえつつ、史料の制約・限界にも細心の注意を払って抑制的に論じた労作である。会議の議事の分析に加え、個人の会議場外での発言や伝記的エピソードも含まれた本書は、様々な読み方が可能であり、著者が目指した「学際的アプローチ」は成功している。評者の能力不足で、4本の補論を紹介することができなかったが、国際会議開催に際しての開催主体を巡る綱引き（補論3）や女性の国際会議参加（補論4）など、今日でも色褪せぬ重要な論点が扱われている。他方、幅広い論点をいずれも極めて仔細に検討した結果、当時の日本の一部の外交官に国際法を「編む」意識が芽生えていたにせよ、それが外務省全体や政府にまで共有されていたのかという点への筆者の見解は必ずしも明解ではない。「連盟派」という当時の傍流だけにあてはまる表現なのではないかという疑問を拭い去れないのである。同様の疑問は、国際法学者についても当てはまる。この点は、「法典化」に国連憲章でいうところの「漸進的発達」を含めるかどうかで、「編む」という言葉からイメージすることが変わってくることに関係するのだろう。とはいえ、この点は表題だけの問題であって、史料を駆使し、きめ細やかに議論を展開している本文そのものの価値を貶める意図は微塵もない。

冒頭にも記したように、近年、戦間期あるいは連盟を正面から取り上げる研究が増え、その中でも日本に注目することで日本近代外交史研究の間口も広がったように感じる。本書は、複数の国際法学者に着目することで、戦間期・連盟期から大東亜国際法論を経て、戦後の国際法学の基礎が築かれたことが強調される。その意味で本書は、日本の国際法学と実務の関わりを「貫戦史」として描いたものともいえる。

評者が初めて国際法を学んだ際に手にした書物は、高野雄一教授の2巻からなる概説書であった。歴史を重視する同書は、一文一文が長く、難解な書物だったことを記憶している。その高野教授が立作太郎の後任と目されていたことは今回初めて学んだ点である。

連盟を通じた国際法の形成を巡っては、外務省のみならず軍部も高い関心を示していた。具体的な論点について、軍部がどのような対応をしたか、外務省との協力関係はあったのか、また、軍部が組織あるいは個人のレベルにおいて法的国際主義を共有していたのか否かについてもご教示を乞い、評者の蒙を啓いてくれる機会があることを切に願いたい。

（山田哲也　南山大学総合政策学部教授）

<<English Summary>>
Global Decarbonization Trends from a Global Governance Perspective

Kentaro Tamura*

Polycentric climate change governance works not only through rule-based inter-state institutions (international regimes), but also through the involvement of various non-state actors, such as private companies and NGOs, in addition to states. It also functions through a variety of methods (initiatives, programs, and implementation of emission reduction actions, etc.), not just rules. Therefore, in order to track the trend of decarbonization from the perspective of global governance, this paper examines the following aspects: changes in norms and rules in the inter-state system, the background and process of increased involvement of non-state actors, and the background of the increase in mini-lateral initiatives. This paper shows that the polycentricity that characterizes global climate change governance was not a spontaneous construct, but the result of deliberate and strategic responses by various actors to the changes and shortcomings of the inter-state institutions based on UN-type multilateralist framework. Whether the responses are complementary or competitive to the UN-type multilateralism depends on the actors who initiated such responses. The limited performance of the retching-up mechanism under the Paris Agreement has spurred the engagement of non-state actors and the increase in state-led mini-lateral initiatives. The paper also points out several challenges that other hand, the efforts of non-state actors and state-led mini-lateral initiatives have the challenge of insufficient transparency and accountability. The UN Framework Convention on Climate Change (UNFCCC) is taking on the task of establishing standards for transparency and accountability and a framework to ensure them. This effort will be a test of whether the various actors and initiatives can be made more transparent and harmonized with the 1.5 degrees Celsius target in a multi-centric global climate change governance. A comprehensive examination of which mini-lateral initiatives can contribute to increasing countries' level of ambition or have the effect of bridging the emissions gap is not yet fully explored. This is an issue for future research.

*Kentaro Tamura is Programme Director of Climate and Energy Area, Institute for Global Environmental Strategies.

The EU's Leaderships in International Climate Change Negotiations: Failure in Copenhagen and a Re-start from Paris

Akira Ichikawa*

The article aims to review and analyze how the European Union (EU) has transformed itself as a climate leader in the context of the global and regional crises that followed the Lehman Shock in 2008, such as the European Complex Crisis, the UK's withdrawal from the EU (Brexit), the Covid-19 disaster and the Russian aggression in Ukraine. First, the paper analyzes the potential and influence of the EU's power, and organizes it into the four types of leadership required for this potential to be realized as influence. It then identifies the EU's leadership mix in global governance on climate change from the signing of the UNFCCC in 1992 to the present. In conclusion, the author points out that the EU acts as a leader and mediator ("leadiator") in situations where structural leadership cannot be fully exercised, acting as an actor leveraging the entrepreneurial, cognitive and exemplary leadership that can be drawn from the Paris Agreement.

*Akira Ichikawa is a Professor, Faculty of Global and Regional Studies, Toyo University.

U.S. Decarbonization in the Facing of Political Polarization and its Implications for Global Climate Governance

Michiyo Obi*

In the United States, Democratic and Republican administrations have had very different policies toward global climate change governance under the United Nation's Framework Convention on Climate Change (UNFCCC). While Democratic administrations have been cooperative in multilateral climate change action, such as signing the Kyoto Protocol by A. Gore, Vice President of the Clinton Administration, and ratifying the Paris Agreement by B. Obama, Republican administrations have been passive in climate change policy, withdrawing from the Kyoto Protocol by G. W. Bush and the Paris Agreement by D. Trump, respectively. Despite the lack of a stable federal climate change policy, the United States has installed a large amount of renewable energy compared to other countries in the world, now more than nuclear or coal-fired power generation. A look at renewable energy deployment in the U.S. shows that there are Red States that have been opposed to decarbonization, such as Texas, where they have deployed large amounts of renewable energy. On the other hand, political polarization has extended to climate change policy, and ESG investing in the financial sector has been heavily criticized by conservative Republicans. Anti-ESG campaigns have been launched with the support of the oil industry, and many anti-ESG bills have been introduced, particularly in states with strong Republican parties. Meanwhile, the Inflation Reduction Act (IRA), the largest climate change legislation in U.S. history, was passed in August 2022. Although the IRA received bipartisan support, it was introduced primarily by Democrats. By contrast, so far more than 70% of the funds have been invested in Red States, not Blue States. Under these circumstances, how does decarbonization proceed in the United States? To analyze this question, this paper focuses on two aspects of renewable energy deployment that are central to decarbonization: climate change policies aimed at decarbonization, and energy policies that involve the use of cheap local energy resources. It then examines decarbonization in the United States by analyzing states where significant investments related to the IRA have been made, such as those in the region known as the Battery Belt.

*Michiyo Obi is a Professor, Faculty of Policy Studies, Nanzan University.

Japan's Climate and Energy Policy:
The Politics of Japan's Energy Transition

Hiroshi Ohta*

The climate regime centered on the UN Framework Convention on Climate Change (UNFCCC) has yet to establish effective and comprehensive climate mitigation policies. The Paris Agreement (adopted in 2015 and entered into force in 2016) holds "the increase in the global average temperature to well below $2°C$ above pre-industrial levels" and pursues efforts "to limit the temperature increase to $1.5°C$ above pre-industrial levels." It also aims to reach global peaking of greenhouse gas emissions (GHGs) as soon as possible to achieve "a balance between anthropogenic emissions by sources and removals by sinks of GHGs in the second half of the century." Then, it requires all Parties to the UNFCCC to pledge their best efforts through "nationally determined contributions" (NDCs) and to strengthen these efforts in the years ahead.

While being proud of comparatively high levels of energy efficiency and having experienced the Fukushima nuclear disaster, it may be presumed that Japan would become a leader in the global energy transition. On the contrary, however, Japan has demonstrated a degree of intransigence around deep decarbonization. Why does Japan not take leadership in the energy transition and arrest climate change? What is the context for Japanese climate and energy policymaking? What is the 2050 net-zero strategy, what are the obstacles, and which actors could effectively accelerate this transition? How does the Green Transformation (GX) policy of the Kishida Fumio Cabinet differ from the Green Growth Strategy under the former Suga Yoshihide administration? This article considers new drivers for national policy and the influence of exogenous domestic and international forces. The subsequent question asks whether the 2050 carbon neutrality policy goal could deliver a rapid shift away from fossil fuels. It presents an analytical framework to explain Japan's evolving climate-energy nexus, illuminating core variables hampering and enabling the attainment of the net-zero 2050 target.

*Hiroshi Ohta is a Professor at the School of International Liberal Studies of the Faculty of International Research and Education at Waseda University.

Dynamics of EU Institutional Change Triggered by the European Court of Justice: A Case Study of Positive Action in the Treaty of Amsterdam

Suguru Harada*

Institutionalization in the European integration process is remarkable for its high degree of "legalization." However, while the literature on European integration has focused on the stage of its institutional design that entailed legalization, it has paid relatively little attention to the effects of legalization on the European integration process. This paper aims to clarify a feedback mechanism triggered by the European Court of Justice (ECJ) towards the EU institutions through a case study of Treaty amendments concerning the issue of positive action.

In the existing literature, the Kalanke case (C-450/93) has become a well-known example of the reversal of case law through Treaty amendments. However, the existing literature is insufficient for a detailed analysis of the feedback mechanism triggered by the Kalanke case. To fill this gap, the following questions need to be addressed: How did the ECJ ruling affect the behaviors of Member States? How could Member States react to the ruling? Above all, did the reaction of the Member States overturn the ECJ case law?

With theoretical guidance from the indirect governance typology of Competence-Control theory and the gradual institutional change typology of Historical Institutionalism, this paper conducts empirical research to answer the above questions.

Theoretical considerations suggest the nature of the ECJ's power as an interpretative authority and the possibility of Member States' reactions to it in the sense of "narrowing the scope of interpretation".

Through a review of legal studies of the case law and empirical research on the negotiations in the Intergovernmental Conference for the Treaty of Amsterdam, this paper first shows that the ECJ's Kalanke ruling had indeed provoked a reaction from Member States through Treaty amendments. However, the paper highlights that these amendments proved to be limited due to the high costs of reaching agreement among the Member States, so that the overturning of the ECJ ruling was unsuccessful. Nevertheless, the partial changes introduced by the Treaty of Amsterdam have certainly influenced subsequent ECJ rulings.

In conclusion, this paper demonstrates a feedback mechanism resulting from the interplay between the ECJ and the Member States within the European integration process—initiated by ECJ rulings, responded to by partial amendments by the Member States, and subsequently influencing the ECJ's interpretative capacity.

*Suguru Harada is a Research Fellow, Graduate School of Intercultural Studies, Kobe University.

The Limitations and Potential of EU's External Pressure regarding the Sanctions against Russia: the Case of Serbia

Kiyoto Miyamoto*

This paper explores the limitations and potential of EU's external pressure as to the sanctions against Russia, through the case study of Serbia.

On 24 February, Russia launched a full-scale invasion of Ukraine. The EU has consequently introduced a series of unprecedented scale of sanctions against Russia while it has increasingly demanded EU candidate states to adopt those sanctions. Nevertheless, Serbia as an EU candidate state, which will need to fully align with the EU's Common Foreign and Security Policy (CFSP) including sanctions against Russia before EU accession, has refused to adopt them so far.

There are some factors which constrain Serbia's government to implement sanctions against Russia. With the reference to External Incentives Model, this paper indicates that three factors affect adoption cost: dependence on Russian natural gas, Kosovo question and pro-Russian (or anti-Western) public opinions. In addition, it is shown that both the prospect of EU membership and the priority of sanctions from EU perspective influence the credibility of EU conditionality. However, the existing research has not yet sufficiently analyzed the changes in the above constraining factors following Russian full-scale invasion of Ukraine.

Against this backdrop, this paper puts focus on the changes in those constraining factors, thereby analyzes its impacts on the foreign policy of Serbia. This analysis reveals the increased adoption cost attributing to the dependence on natural gas imported from Russia and the pro-Russian public opinions in Serbia, at the same time it indicates the enhanced credibility of rewards and the diminished credibility of threats due to the relatively low priority of sanctions.

This paper concludes that the most desirable choice for the government of Serbia led by Aleksandar Vučić, who seeks to maintain favorable relations with both EU and Russia, will (pretend to) move closer to the EU's position without adopting EU's sanctions against Russia. In fact, as of the time of writing this paper, while Serbia's government has partially adjusted its foreign policy to that of EU's, it has kept avoiding the introduction of EU's sanctions.

Finally, this paper briefly explores the conditions which will enable EU's external pressure to be functioned against Serbia.

*Kiyoto Miyamoto is a doctoral student at Graduate School of Intercultural Studies, Kobe University.

Global Migration Governance Reconsidered:
An Approach for Dynamic Analysis

Midori Okabe*

This article calls for a reappraisal of studies on Global Migration Governance (GMG) from an empirical perspective. Previous studies assert the ontological relevance of GMG, often combined with an evaluation of the level of coordination among numerous policies regarding international migration, such as international labor migration, refugee protection, illegal migration, and so forth. Many analyses are made on an issue-by-issue basis, ranging from persecution, internal/international displacement, statelessness, illegal entry, smuggling, and other related organized crimes, with the premise that the present situation is insufficient for the sake of migrants themselves. In other words, most analyses are policy-focused and have yet to question international relations (as well as the international structure beneath it) as a possible cause of policy failure.

This article, therefore, argues for the primacy of observing GMG as a regime complexity, as it allows us to consider actors' appearance and retreat within it. GMG originally had the purpose of providing an international cooperative framework for those who need protection. Such individuals were selected (and later called "refugees") by the United States, a hegemon in the bipolar international structure during the Cold War era. The end of the Cold War discouraged the U.S. from being a generous receiver of refugees and others who may need protection. This political inertia allowed the epistemic community (composed of academics and officials of international organizations) to increase its agenda-setting power on the global level. This was the period, mainly the 1990s when the United Nations and other international organizations appeared to be autonomous and succeeded in delegated power as "agents" from their member states as "principals." Such apolitical nature may well be regarded as distinctive to GMG. This apolitical nature persisted even when Justice (Interior) government officials dominated the network on the part of the European Union (EU). However, since the notion of "migration management" has been incorporated into the practical policy-making process in the EU, the actors have multiplied, including those who are engaged in conventional foreign affairs. Hence, this has constituted a powerful driver of GMG from around the 1990s onwards. Such transformation has made GMG much more complex, hence requiring an approach to explain its dynamism, focusing on the actors inside.

*Midori Okabe is a Professor, Faculty of Law, Sophia University.

Analysis of the European Commission's Initiatives on Children's Participation since 2006

Soichiro Satake*

Following the signing of the Maastricht Treaty, the European Union (EU) has confronted a democratic deficit and growing Euroscepticism. As postfunctionalist theory suggests, the mass politicization of EU issues has impacted the course of European integration. EU political elites have encountered constraints stemming from the heightened politicization of EU citizens. Nonetheless, it is paramount to note that this politicization is caused by individuals holding the right to vote, effectively excluding more than 80 million EU citizens, namely children. While the Treaty on European Union proclaims that "every citizen shall have the right to participate in the democratic life of the Union," there is a clear distinction between children and adults regarding participation. Against this background, how has the EU sought to integrate children into EU politics? As the first comprehensive EU strategy on the rights of the child was published in 2021, EU politics lacks sufficient development in policies regarding children. Therefore, this paper identifies the underlying factors contributing to both the stagnation and progress of children's rights within the EU, with a focus on the dynamics among adult stakeholders.

The analysis reveals two key observations. Firstly, facilitating progress in the domain of children's rights and establishing meaningful communication with children necessitates the cooperation of adult actors, such as Member States, international organizations, and non-governmental organizations (NGOs), and ensuring their meaningful participation. While recognizing children as autonomous actors is vital, such recognition must be grounded in respect for adult stakeholders.

Secondly, the study highlights the continued exclusion of children from the discourse surrounding European integration. Scholars in the field of EU politics emphasize the imperative for the EU to establish three forms of legitimacy: input, throughput, and output. In this regard, this paper demonstrates that children remain inadequately integrated as active participants and are not able to contribute to the assessment of EU legitimacy from various perspectives. Children have not actively contributed to shaping the development of their own rights, nor have they caused any hindrance to progress. Instead, disputes and disagreements concerning children's rights have been limited to adults. Although the Commission promotes children's participation, it does not seek their impact on EU politics.

*Soichiro Satake is a Lecturer, Faculty of Law, Hakuoh University.

グローバル・ガバナンス学会
『グローバル・ガバナンス』投稿規程・執筆要領

1. 刊行時期
（1） 本学会誌『グローバル・ガバナンス』（*The Study of Global Governance*）は年一度刊行される。刊行時期は、原則として3月とする。
（2） 『グローバル・ガバナンス』は、ウェブ上でも公開される。公開時期は、原則としてその刊行時から1年後とする。

2. 投稿資格
（1） 『グローバル・ガバナンス』に投稿できるのは、本学会の会員に限られる。これは、原則として著者が複数に跨がる場合も同様である。非会員は、投稿時に合わせて入会申請を行うことで、投稿が受理される。
（2） 「論文」（後述）が掲載された会員は、掲載された号の刊行年月から起算して1年間は、「論文」を投稿することができない。

3. 掲載原稿の種類と使用言語
（1） 『グローバル・ガバナンス』に掲載される原稿は、「論文」、「書評」、「書評論文」、「研究ノート」「その他」の5種類とする。
　・「論文」とは、査読付きの論文を指す。「研究ノート」とは査読付きの研究ノートを指す。（「書評」、「書評論文」、「その他」に該当する原稿は査読の対象とせず、編集委員会でその採否を決定する。査読制については、6を参照のこと）。
　・「書評」とは、単一の著書・編著を取り上げた批評文を指す。会員の著書・編著を含め、広く内外の書籍を対象とし、編集委員会が評者（非会員を含む）を選定して、執筆を依頼する。
　・「書評論文」とは、関連性のある複数の著書・編著を取り上げ、その全体もしくは主要な主張を総合的に批評する論文を指す。会員の著書・編著を含め、広く内外の書籍を対象とする。
　・「その他」とは、上記4種類に該当しない原稿を指す。
（2） 「論文」、「書評論文」、「研究ノート」に投稿する会員は、投稿に際して原稿の種類を明示する。
（3） 原稿は、グローバル・ガバナンスに関わる広範な分野、テーマを扱うもので、未発表のものに限られる。既に発表された原稿と論旨において変わらない原稿については、たとえ使用言語が異なるものであったとしても、既に発表された原稿と見なし、受理しない。報告論文については発表済みとはみなさないが、関係を明らかにするために、適切な引用を行い、関連する論文を添えて投稿を可とする。ただし報告論文であって

も査読を経て公表されたものについては発表済みとみなす。

（4）　使用言語は、日本語もしくは英語とする。英文原稿を提出する場合には、投稿者は、自己の責任において、ネイティブ・スピーカーなどによる校閲を済ませておく。

4.　著作権

（1）　『グローバル・ガバナンス』に掲載された原稿の著作権は、すべてグローバル・ガバナンス学会に帰属する。

（2）　原著者が、『グローバル・ガバナンス』に掲載された原稿の一部もしくはすべてを、論文集などへの再録というかたちで利用しようとする場合には、編集委員会を通して、あらかじめ文書で会長に申し出る。とりたてて不都合がないかぎり、会長は申し出を受理し、再録を許可する。

5.　執筆上の注意
5－1　一般的注意点

（1）　原稿は、横書きの日本語もしくは英語とする。作成に際しては、ワープロ・ソフトを使用する。

（2）　原稿の制限字数は以下の通りである（注や参考文献リスト、図表も含む）。スペース部分もすべて字数に含まれる。
- 論　　文：日本語　20,000 字以内（ただし、英文サマリーの字数は、これに含めない）
　　　　　　英　語　7,000 words 以内（同上）
- 書　　評：日本語　4,000 字以内
　　　　　　英　語　1,500 words 以内
- 書評論文：日本語　10,000 字以内
　　　　　　英　語　3,500 words 以内
- 研究ノート：日本語　15,000 字以内（同上）
　　　　　　英　語　5,000 words 以内（同上）

（3）　注や参考文献リストに記載された外国語表記、すなわち、日本語、中国語、韓国／朝鮮語以外の表記については、半角英数 2 文字を 1 文字分として換算する。

（4）　図表は、刷り上がり 1/2 ページ大の場合は約 750 字（250 words）、刷り上がり 1/4 ページ大の場合は約 380 字（130 words）分として換算する。なお、図表のサイズと配置については、編集委員会が最終的に判断する。

（5）　印刷会社で使用できるフォントには制約があるため、特殊な文字や記号を使用して原稿を作成する場合には、作成前に編集委員会に連絡する。

（6）　「論文」には英文サマリーを付ける（「書評」、「書評論文」、「研究ノート」には英文サマリーを付けない）。その字数は 300 words 以上、400 words 以内とし、「論文」の表題と所属・職位、氏名を英語で明記する（表題と所属・職位、氏名は字数に含めな

138

い）。また投稿者は、英語のキーワードを5つまで記載すること。さらに投稿者は、英文サマリーを提出する前に、自己の責任において、ネイティブ・スピーカーなどによる校閲を済ませておく。

（7）　投稿論文には、審査の公平を期すために執筆者の名前は一切記入せず、「拙著」など著者が識別されうるような表現は控える。本文や注の中で執筆者自身の文献についても第三者による文献と同様に表記する。

5-2　用語法について

（1）　日本語の原稿で使用できる字体は新字体とし、現代仮名遣いを用いる。ただし、歴史的資料などからの直接引用の場合はその限りではない。

（2）　年号は、原則として西暦を用いる。歴史論文などで元号を用いる場合には、歴史的資料などからの直接引用の場合は除き、丸括弧を付けて西暦を付記する。

（3）日本語の原稿で使用できる括弧は全角とする。ただし、注や参考文献リストで、日本語、中国語、韓国／朝鮮語以外の引用・参照文献を示した箇所については全角の括弧を使用せず、半角の括弧を使用する。また、英語の原稿で使用できる括弧は半角とする。

（4）　日本語の原稿で使用できる句読点は「。」「、」とする。ただし、注や参考文献リストで、日本語、中国語、韓国／朝鮮語以外の引用・参照文献を示した箇所についてはその限りではない。

（5）　漢字名の場合を除き、外国人の名はカタカナ表記とする。初出の箇所に丸括弧を付け、原名もしくは欧文原音を付記する。

（6）　カタカナの「ヴ」表記は、固有名詞に限ってその使用を認める。普通名詞に対しては用いない。

（7）　数字は算用数字で表記し、2桁以上である場合には半角で入力する（1桁である場合には、全角で表記する）。ただし、例えば、以下に記した語句の場合には、漢数字で表記する。「第一に」「第二に」「第一次」「第二次」「逐一」「一方的」「数十年」「一概に」など。

（8）　NATOやEUなどの略語に関しては、すべて半角を用いる。スペルアウトの場合も同様とする。

（9）　上記以外のケースを含め、表記にずれが生じた場合には、編集委員会の裁量で表記を統一することがある。

5-3　表題・所属・氏名について

（1）　「論文」、「書評」、「研究ノート」の場合には、原稿の冒頭に、表題、所属・職位、氏名を日本語で明記する。英文原稿の場合には、英語で明記する。

（2）　「書評論文」の場合には、原稿の冒頭に表題を記したうえで、対象とした著書・編著

を列挙し、評者の所属・職位、氏名を日本語で明記する。英文原稿の場合には、すべて英語表記で行う。なお、対象とした著書・編著については、日本語、中国語、韓国／朝鮮語で書かれた著書・編著の場合には、以下の例を参考に、著者（編著者）名、（訳者名）、『書名』、出版社名、出版年、総頁数の順に記載する。また、日本語、中国語、韓国／朝鮮語以外の表記で書かれた著書・編著の場合には、書名をイタリックで表記したうえで、以下の例を参考に、著者（編著者）名、書名、出版地名（一つに限る）、出版社名、出版年、総頁数の順に記載する。

（例）　和書：ハンナ・アレント（志水速雄訳）『人間の条件』（筑摩書房、1994 年、549 頁）

（例）　洋書：Ernesto Laclau, *New Reflections on the Revolution of Our Time* (London: Verso, 1990, xvi+263 pp.)

5 − 4　目次と章立てについて

（1）　目次は記載しない。

（2）　章立ては自由とするが、原則として、本文の冒頭と末尾に「はじめに」（「序」）と「おわりに」（「結論」「むすび」など）を付す。

（3）　編別は、節、項、小項の順とするが、項や小項は立てなくてもよい。ただし、節、項、小項のそれぞれに当てる数字等は、順に、1.（1）a の要領で行う。なお、「はじめに」と「おわりに」には節番号を付さない。

5 − 5　注と参考文献リストの表記について

（1）　注はすべて、原稿の末尾に一括して掲載する。

（2）　注の番号は通し番号とし、該当箇所に入れる。句読点がある箇所に注番号を付す場合には、句読点の直前に入れる。

（3）　注の番号は算用数字で表し、全角の丸括弧で囲む。1 桁の場合は全角で、2 桁以上の場合は半角
で数字を記す。ワードの注作成機能を使用してもよい。

（4）　注や参考文献リストでの引用・参照文献の示し方は、以下の通りとする。

①　日本語、中国語、韓国／朝鮮語のいずれかで書かれた著書・編著、新聞、雑誌の場合：

原則として、その書誌（紙）名を『　』（二重鍵括弧）で括ったうえで、著者名（訳者名）、書誌（紙）名、出版社名、出版年の順に記載する。また、必要に応じて、引用・参照箇所の頁数も示す。

（例）　J・A・シュンペーター（中山伊知郎・東畑精一訳）『資本主義・社会主義・民主主義』（東洋経済新報社、1995 年）、5 頁。

（例）　栗田賢三・古在由重編『岩波哲学小辞典』（岩波書店、1958 年）、10-12 頁。

140

（例）　『毎日新聞』2015 年 4 月 30 日朝刊「社説」
②　日本語、中国語、韓国／朝鮮語のいずれかで書かれた論文の場合：
　　原則として、論文の表題を「　」（鍵括弧）で括ったうえで、著者名、表題、掲載
　　誌（書）名、巻・号、出版社名、発行年の順に記載する。また、必要に応じて、引
　　用・参照箇所の頁数も示す。
　　（例）　坂本彦太郎「『コミュニティ』の意味について」『社会と学校』第 2 巻第 11
　　　　号、1948 年、42-43 頁。
　　（例）　和辻哲郎「人間の学としての倫理学」安倍能成ほか編『和辻哲郎全集　第 9
　　　　巻』（岩波書店、1962 年）、18-19 頁。
③　上記①以外の言語で書かれた著書・編著、新聞、雑誌の場合：
　　原則として、その書誌（紙）名をイタリックで表記したうえで、著者名、書誌
　　（紙）名、発行地名（一つに限る）、出版社名、出版年の順に記載する。また、必要
　　に応じて、引用・参照箇所の頁数も示す。
　　（例）　Ole R. Holsti, Randolph M.Siverson, Alexander L.George, eds., *Change in the
　　　　International System* (Boulder: Westview Press, 1980).
　　（例）　Robert Gilpin, *U.S. Power and the Multinational Corporation: The Political
　　　　Economy of Foreign Direct Investment* (New York: Basic Books, 1975), pp. 21-
　　　　22. 山崎清訳『多国籍企業没落論―アメリカの世紀は終わったか』（ダイヤモン
　　　　ド社、1977 年）、19-20 頁。
　　（例）　"Cover Stories: India's Night of Death," *Time: The Weekly Newsmagazine*,
　　　　December 17, 1984, pp. 8-15.
④　上記②以外の言語で書かれた論文の場合：
　　原則として、論文の表題をダブル・クォーテーション・マークで括り、掲載誌
　　（書）名をイタリックで表記したうえで、著者名、表題、掲載誌（書）名、巻・号、
　　出版社名、発行年の順に記載する。また、必要に応じて、引用・参照箇所の頁数も
　　示す。
　　（例）　Chris Brown, "Turtles All the Way Down: Anti-Foundationalism, Critical Theory
　　　　and International Relations," *Millennium*, vol. 23, no. 2, 1994, pp. 213-236.
　　（例）　John A. Agnew, "Timeless Space and State-Centrism: The Geographical As-
　　　　sumptions of International Relations Theory," in Stephen J. Rosow, Naeem
　　　　Inayatullah, Mark Rupert, eds., *The Global Economy as Political Space*
　　　　(Boulder: Lynne Rienner, 1994), pp. 95-96.
（5）　反復引用・参照の場合には、以下のように表記する。
　　（例）　坂本、前掲論文、27 頁。
　　　　栗田・古在、前掲書、40-42 頁。
　　　　同上、42-46 頁。

Agnew, *op. cit.*, pp. 95-96.

Ibid., p. 95.

（6）　インターネット上にあるオンライン文献を引用・参照する場合には、利用した最新の年月日を丸括弧で括ったうえで、著者名、文献の名称、文献が掲載されているサイトの URL、最新アクセス年月日の順に記載する。

（例）　Daniel Culpan, " Pepper-Spraying Drones will be Used on Indian Protesters, "
http://www.wired.co.uk/news/archive/2015-04/09/pepper-spraying-drones
（2015 年 5 月 1 日アクセス）

（7）　上記のように、注において引用・参照文献を示す場合には、論文の末尾に引用・参照文献をアルファベット順に一括して記載する「参考文献リスト」は付けない。逆に、そのようなリストを論文の末尾に掲載する場合には、本文中に著者名、出版（発行）年、引用・参照箇所の頁数を示す方法も認める。ただし、その場合には、著者名、出版（発行）年、引用・参照箇所の頁数の全体を、丸括弧で括ること。

5－6　原稿の提出について

（1）　英文サマリーも含め、提出する原稿は、すべて完成原稿とする。

（2）　原稿は電子ファイルとし、メール添付方式で編集委員会に送付する。送付先メール・アドレスは、専用のメーリング・リストを通じて本学会事務局から会員に宛てて送信される「原稿募集の告知メール」や、本学会ホームページ（http://globalgovernance.jp/）に掲載される同種告知文を参照のこと（ただし、編集委員会が評者を選定、執筆を依頼する「書評」については、送付先を別に指定するものとする）。

（3）　論文本体の原稿と英文サマリーの原稿とは別ファイルとし、前者の提出時に後者も送付する。

5－7　校正について

（1）　校正段階での修正は、誤字・脱字の訂正など軽微な修正に限られる。行数の増減を伴う変更など「軽微」とは言えない修正については、これを認めない。

（2）　執筆者による校正は、原則として初校のみとする。執筆者は、指定された期間内（原則として、ゲラを受け取ってから 2 週間以内）に、校正が済んだゲラ刷りを印刷会社に返却する。

（3）　編集委員会は、執筆者が校了した校正刷りに校正をかけることができる。ただし、それは、表記の統一など形式上の修正に限られる。

6.　論文の査読

（1）　『グローバル・ガバナンス』は、4 種類からなる掲載原稿のうち、「論文」および「研究ノート」に査読制を適用する。

（2）　投稿原稿の採否は、編集委員会が委嘱する 2 名の査読者による審査結果に基づいて、編集委員会が決定する。

（3）　原稿執筆者と査読者とは互いに匿名とする。

以上

2015 年 5 月 31 日制定

（2021 年 4 月 18 日　改定）

（2022 年 4 月 10 日　改定）

（2023 年 4 月 8 日　改定）

『グローバル・ガバナンス』
バックナンバー案内

『グローバル・ガバナンス』第8号（2022年3月刊）

『グローバル・ガバナンス』第9号（2023年3月刊）

『グローバル・ガバナンス』第1～7号の構成や主たる内容については、学会ウェブページの http://globalgovernance.jp/?page_id=525 からご覧いただけます。

投稿案内

投稿を希望される方は、本誌収録の投稿規程をご覧ください。投稿は、グローバル・ガバナンス学会会員に限ります。入会ご希望の方は、学会ウェブサイト（http://globalgovernance.jp/）の「グローバル・ガバナンス学会の紹介」のページをご覧になり、所定の手続きをお取りください。

『グローバル・ガバナンス』編集委員会

赤星　　聖　編集委員（神戸大学）
小川　裕子　編集委員（東海大学）
畠山　京子　学会理事、編集主任（新潟県立大学）
山尾　　大　学会理事、編集副主任（九州大学）

The Study of Global Governance, Editorial Committee

Sho Akahoshi, Editor, Kobe University
Hiroko Ogawa, Editor, Tokai University
Kyoko Hatakeyama, Director, Editor, University of Niigata Prefecture
Dai Yamao, Director, Editor, Kyushu University

グローバル・ガバナンス　第10号　2024年3月

2024年3月31日　発行

発行所　　グローバル・ガバナンス学会・事務局
　　　　　〒153-8902　東京都目黒区駒場3-8-1
　　　　　東京大学教養学部附属教養教育高度化機構
　　　　　中村長史研究室
　　　　　E-mail: secretariat@globalgovernance.jp

発行者　　グローバル・ガバナンス学会

発売所　　株式会社芦書房
　　　　　〒101-0048　東京都千代田区神田司町2-5
　　　　　電話 03-3293-0556　振替口座 00170-7-66145

© 2024 Toshiya Nakamura, Printed in Japan
落丁・乱丁の場合は弊社にご連絡下さい。送料弊社負担にてお取替え致します。
ISBN978-4-7556-1333-3